ANGELA THOMAS

Mi vida como madre soltera

Grupo Nelson
Una división de Thomas Nelson Publishers
Desde 1798

NASHVILLE DALLAS MÉXICO DF. RÍO DE JANEIRO BEIJING

© 2008 por Grupo Nelson
Publicado en Nashville, Tennessee, Estados Unidos de América.
Grupo Nelson, Inc. es una subsidiaria que pertenece
completamente a Thomas Nelson, Inc.
Grupo Nelson es una marca registrada de Thomas Nelson, Inc.
www.gruponelson.com

Título en inglés: *My Single Mom Life*
© 2007 por Angela Thomas
Publicado por Thomas Nelson, Inc.

Todos los derechos reservados. Ninguna porción de este libro podrá ser reproducida, almacenada en algún sistema de recuperación, o transmitida en cualquier forma o por cualquier medio —mecánicos, fotocopias, grabación u otro— excepto por citas breves en revistas impresas, sin la autorización previa por escrito de la editorial.

A menos que se indique lo contrario, todos los textos bíblicos han sido tomados de la Nueva Versión Internacional® NVI® © 1999 por la Sociedad Bíblica Internacional. Usado con permiso.

Traducción: *Lesvia Kelly*
Tipografía: *A.G. Rodriguez*
Diseño del paquete original © 2007 Thomas Nelson, Inc.
Fotografía de la autora por Michael Gomez

ISBN: 978-1-60255-055-1

Impreso en Estados Unidos de América

08 09 10 11 12 BTY 7 6 5 4 3 2 1

Para Lisa

Tus métodos de organización y tu corazón servicial son unos regalos de amor que das tan desinteresadamente.

Gracias por ayudarnos a mantener nuestras alocadas vidas en orden cada día.

contenido

	Prólogo	vii
	Introducción: Estimada mamá parecida a mí	xi
1	Empezando de cero	1
2	Una mamá cambiada	21
3	Oye, mamá solitaria	39
4	Mamá cansada y con sentimientos de culpabilidad	57
5	Mamá que hace las veces de padre y madre	75
6	Mamá con límites	93
7	Mamá chévere	113
8	Mamá financiera	131
9	Mamá con pretendiente o no	147
10	Esperando a que llegue el príncipe azul	163
11	Voltéate a mirar	179
12	El amor tiene la última palabra	199
	Acerca de la autora	219
	Reconocimientos	221

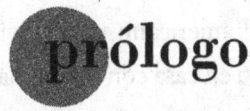ólogo

Mi mamá me hizo tocar la tuba porque la escuela daba las tubas gratis y todos los otros instrumentos costaban dinero. Yo no quería tocar la tuba porque estaba gordo. Aun estando en el sexto grado, yo sabía que tocar la tuba y ser gordo, reforzaría el estereotipo. Mi papá, quien nos dejó cuando yo estaba pequeño, era un entrenador de baloncesto, y me imagino que si él se hubiese quedado con nosotros, yo hubiese sido un jugador de baloncesto. No existen estereotipos para los jugadores gordos en este juego. Yo hubiese sido el joven que jugase como defensa solamente, parado bajo la canasta y haciéndosela difícil a otros para que no pudiesen anotar. Pero mi papá no estaba conmigo, así que toqué la tuba. En ese entonces pensé que mi vida estaba siendo arruinada, pero no fue así. Luego vine a darme cuenta que practicar la tuba por horas ayuda a besar bien. El baloncesto no ayuda a besar bien. Aunque este aumente las probabilidades de llegar a besar a alguien, no hace nada para ablandar los labios. Todo esto para decir que sé besar muy bien. Yo no quería tocar la tuba, pero ahora estoy agradecido.

Mi mamá nos obligó a mi hermana y mí a ir a la iglesia. Por esa razón no pude ver los juegos de fútbol americano por televisión. Como ahora soy mayor de edad y no vivo en casa con mi mamá, veo muchísimos juegos de fútbol americano por televisión. Yo sólo voy a la iglesia algunos de los domingos durante la temporada de fútbol, en parte porque amo el juego y por otra parte es para expresar mi independencia de mi madre. No es cosa de resentimiento; es una cosa de independencia. Si yo hubiese sido criado por monos, no comería bananas los domingos. Si me estás juzgando porque yo sólo voy algunos de los domingos durante la temporada de fútbol, entonces eres pesimista. Yo *sí voy* los otros domingos. Y en la iglesia aprendo acerca de Dios, canto acerca de Él y oro a Él, y tomo la Santa Cena para recordarle. Hago esto porque mi madre nos obligó a mi hermana y a mí a ir a la iglesia. Nunca quise ir a la iglesia, pero ahora estoy agradecido.

Estuve en Escocia a principios de este año, y unos amigos y yo nos fuimos de caminata en las tierras altas. Allí aprendí acerca de las ovejas. Un hombre y un perro estaban allí en una pradera cuidando un rebaño frente a un riachuelo. Mi amigo y yo nos sentamos sobre una cima y nos pusimos a observar al pastor, y no pude más que pensar sobre lo que dice Jesús acerca de que la iglesia era como una familia y de que la iglesia era como un rebaño de ovejas. Si este es el caso, entonces las iglesias y las familias son más problemáticas de lo que te imaginas. Algunas veces se nos hace pensar que las familias y las iglesias tienen que estar limpias, y que los niños y las ovejas deberían pararse en una línea recta e ir exactamente adonde el pastor les diga que vayan. Pero esto no es así. Y cualquiera que esté en desacuerdo, nunca ha criado niños ni pastoreado ovejas. Pastorear, al igual que criar hijos, se parece precisamente a un trastorno mental prolongado. Pon la imagen del pastor gentil caminando por la verde pradera a un lado, como pura cosa de Hollywood.

Pienso que el trabajo más difícil del mundo es ser madre soltera. La madre soltera toma decisiones y se pregunta a sí misma si sus decisiones son correctas o no, porque no tiene a nadie a quien echarle la culpa por el caos que causó. Pero Dios nos trae caos para demostrar nuestra necesidad, y para guiarnos gentilmente hacia Él para obtener consuelo y dirección. Lo que he aprendido es que si hay amor y si está Dios, entonces de alguna manera, las ovejas llegan a praderas más verdes. Esto no quiere decir que no hay una mejor forma de hacer las cosas, porque la hay; es sólo para decir que el nuestro es un mundo perdido, y que pastorear es problemático, y que hay pro y contra en ser un jugador de baloncesto tal y como lo hay en ser el que toca la tuba.

Estoy agradecido a mi amiga Angela Thomas por compartir su historia tan audazmente. Hallé a mi madre en estas páginas hermosas, y si bien me hubiese gustado tener un padre durante mis años formativos, también estoy agradecido por la pastora que Dios me dio. Ella sabía que Dios podía compensar por cualquiera necesidad, y ella es mi héroe.

Que Dios te guíe al cruzar los arroyos y al escoger las tubas gratis en vez del baloncesto. Y que Dios te consuele en tus momentos de desesperación y confusión. Un día tus hijos encontrarán a su padre en la Santa Cena y te darán las gracias. Y si tus hijos tienen mucha suerte, sabrán besar muy bien.

Atentamente,
Donald Miller

P.D. Tres cosas más: Si estás criando hijos varones, pienso que es una buena idea dejar que vean los juegos de fútbol americano algunos domingos del año por la mañana. Y también pienso que está bien que tengan pretendientes cuando están jovencitos. Y que coman helado justo antes de irse a dormir. Angela no incluyó estas cosas importantes y no sé por qué. Ves, ya Dios te está proveyendo dirección.

P.D. Cuando tus hijos crezcan, diles que me manden unos veinte dólares.

introducción
estimada mamá parecida a mí

Estimada mamá parecida a mí:
Estoy absolutamente segura de que esta no es la forma en que deberían ser las cosas. Mientras más años pasan, más estoy convencida de que a mis hijos les iría mejor con una mamá y un papá amándose el uno al otro y amándolos a ellos, y viviendo todos juntos en una misma casa. Pero esa no es mi historia, ni lo será jamás, así que la pregunta ha llegado a ser: ¿cómo va a vivir esta madre soltera?

Me ha tomado un buen tiempo obtener las respuestas. Y de muchas formas, mis hijos y yo todavía estamos tropezando a través del proceso, tratando de encontrar el camino. Pero lo que te puedo decir es que tengo la mejor vida que jamás haya conocido. No, de veras, en realidad la tengo. El corazón se me está poniendo más y más saludable. Hay paz en mi hogar. Mis hijos son niños normales, algunas veces son graciosos y otras veces son tontuelos. Bendigo a Dios porque se están convirtiendo en personas maravillosas, compasivas, muy divertidas, y yo los adoro.

Cuando empecé a escribir este libro, supe de inmediato que yo quería que fuese alentador, positivo, y lleno de esperanza e inspiración. Esa es la clase de libro que a mí me gustaría leer acerca de la vida de una madre soltera. Pero también sabía que tenía que decir la verdad acerca de mi jornada, es decir empezando con las tinieblas y el dolor. Quizás una vida maravillosa es más valiosa cuando las lecciones para obtenerla son más dificultosas, y la jornada tiene muchos días en que pareciera que diésemos dos pasos hacia delante y catorce hacia atrás.

Existe la posibilidad de que hayas recogido este libro y ni siquiera eres una madre soltera. Espero que las historias acerca de mi jornada te sean valiosas a ti también. Que encuentres sanidad y reposo en estas lecciones, aun si mi camino ha sido diferente al tuyo. Y que después un día, tal vez te sientes al lado de una madre soltera en un juego de fútbol, y las palabras que tú le digas a ella sean tiernas y dichosas porque haz visto un poco de su vida a través de la mía. Si lo haces, asegúrate de decirle que es hermosa.

Obviamente les estoy escribiendo a las madres solteras porque esa es mi jornada. Pero espero que si un padre soltero recibe estas palabras, haya algo aquí que resuene de una manera que traiga sanidad y esperanza. Sigue adelante súper-papá. Que encuentres nuevas fuerzas y visión para cada reto que enfrentes.

Mis últimos seis años, envueltos en un torbellino de emociones y actividades, han sido los más difíciles pero los más gratificantes de mi vida. Amar a cuatro niños a través de sus vidas alocadas, proveer para todos nosotros, mantener un hogar, y pensar en cuidarme a mí misma, se siente como si estuviese administrando el mundo entero. Muchos de ustedes saben de lo que estoy hablando.

Pero en estos años, Dios me ha dado un fervor. Quiero vivir una vida increíble, aun mientras estoy criando a mis cuatro hijos sola. No quiero esperar a que crezcan para entonces mejorarme. Quiero que tengan esa clase de mamá ahora. Ellos se merecen la mejor versión de una familia que yo pueda darles.

¿Qué si pudiesen ver que no hay amargura dentro de mí, sino sanidad continua y restauración que sólo viene de Dios? ¿Qué si nuestro hogar fuese el centro de actividades para sus amigos? ¿Y tuviésemos fiestas e invitásemos a la gente para que venga a cenar con nosotros y a misioneros que estuviesen de visita para que se quedaran en la habitación de huéspedes? ¿Qué si actuásemos como las personas *normales* que somos, en vez de concentrarnos en lo que no somos? Pienso que una madre con una vida sensacional y apasionada tal vez sea justamente la base para criar niños sabios, sanos y educados.

Algunas veces cuando le digo a alguien que soy madre soltera, él o ella me mira como si yo estuviese lisiada. Las madres solteras sí tienen trabajo de triple magnitud. Se siente como si viviésemos a máxima velocidad, haciendo mil cosas a la vez y haciendo juegos malabares con todos los platos que nos lanzan. La responsabilidad de criar bien a los niños es enorme, y no creo que nadie debiera llevar esta carga por sí solo nunca. Pero no estamos lisiadas. Sólo somos madres viendo la vida en un mundo de parejas.

El año pasado se suponía que mis hijos pasaran la Nochebuena con su papá, pero sucedió que pudieron quedarse conmigo unas cuántas horas esa noche. Comprenderás la clase de regalo que fue ése para mí. Fuimos juntos al servicio de Nochebuena de la iglesia, y yo estaba tan agradecida de no haber tenido que ir y sentarme allí sola. La iglesia estaba repleta cuando los cinco de nosotros entramos a ocupar una fila. Me sentía feliz y contaba mis bendiciones.

Entonces cometí el error de mirar a mi alrededor. Parecía que todas las familias estaban compuestas de un hombre, una mujer y unos niños. Familias enteras. La verdad es que muchas pudiesen haber sido matrimonios casados por tercera vez, con hijos combinados, y sumamente disfuncionales, pero esa noche, al menos a través del resplandor de las velas, parecían enteras. Sé que hay otras madres solteras en mi iglesia, pero en ese servicio no pude encontrar a nadie parecido a nosotros. Y mi corazón estaba dolido.

No importaba las clases de familias que eran en privado; aquellas que tenían a un hombre sentado en la banca, se veían completas, y nosotras somos tan obviamente solteras. Muchos días, el dolor de esa comparación injusta no parece desaparecer. Y ser una familia con madre soltera puede hacernos sentir que estamos relegados a vivir una vida de segunda categoría. Lisiados. Cojeando. Haciendo solamente lo mejor que podamos con las sobras que quedan. Muchas veces siento el dolor, pero me rehúso a vivir como una mujer lisiada. Soy una madre soltera. Mis hijos y yo hemos pasado por eso. Pero también hemos sido increíblemente bendecidos. Escojo vivir en la bendición.

Quiero que creas, entiendas y desees que tu vida, sí, tu vida de madre soltera, pueda convertirse en una vida increíble. Nuestros hijos pueden estremecer el mundo, completos con corazones enternecidos por lecciones emocionales aprendidas lo suficientemente temprano como para darles una ventaja sobre los demás. Ya sabes que ser madre soltera es el trabajo más difícil en este planeta. Hacemos más que lo que cualquiera persona *nunca jamás* vaya a notar o apreciar. El agotamiento que acompaña a esta labor es casi indescriptible. Pero se puede hacer. Una madre soltera con una casa llena de niños *puede* vivir una vida hermosa. Estoy orando por ti ahora mismo.

Espero que te sientas alentada. Que encuentres fuerza y sanidad para la jornada. Que Dios te recoja en Sus brazos para que estés más cerca de Él que nunca. Un abrazo divino bien largo y fuerte para una mamá que está cansada. Y mientras que Dios se acerca a ti, oro que te acerques a Él con nuevos ojos para ver Su gloria, y con un corazón dispuesto a recibir Su bondad.

Y oro por esos niños. Oh, Padre, tendrás que cubrirlos y protegerlos, y proveer para ellos. Nuestros hijos llegarán a ser personas extraordinarias porque los haz sostenido en Tus manos fuertes. Porque los guías y los proteges del mal. Así que sana toda herida y otórgales corazones llenos de gozo.

Que las palabras de este salmo te hagan reposar:

> *A las montañas levanto mis ojos;*
> *¿de dónde ha de venir mi ayuda?*
> *Mi ayuda proviene del S*eñor,
> *creador del cielo y de la tierra.*
>
> *No permitirá que tu pie resbale;*
> *jamás duerme el que te cuida.*

> *Jamás duerme ni se adormece*
> *el que cuida de Israel.*
>
> *El S*EÑOR *es quien te cuida,*
> *el S*EÑOR *es tu sombra protectora.*
> *De día el sol no te hará daño,*
> *ni la luna de noche.*
>
> *El S*EÑOR *te protegerá;*
> *de todo mal protegerá tu vida.*
> *El S*EÑOR *te cuidará en el hogar y en el camino,*
> *desde ahora y para siempre.*
> (Salmo 121)
> Amén.

Es un privilegio tan grande el caminar junto a ti con estas palabras. Sigue adelante, mi amiga. Dios está de tu lado. Los días difíciles no te van a rebasar. Como regalo para nuestros hijos, podemos ser madres saludables que son mujeres fuertes e increíbles, a pesar de nuestras circunstancias. Una vida grandiosa y fabulosa aún está por delante.

Dales un abrazo a tus tesoros de mi parte.

Con amor y ternura,

Angela
Knoxville, Tennessee
Verano del 2006

1

empezando de cero

«¿Me preguntaba si ustedes compran diamantes?» Le susurré a la vendedora, bajando la cabeza de la pena y la vergüenza que yo estaba sintiendo.

«Espere un minuto y le consigo al dueño», me ofreció ella.

Al encontrarme allí parada esperando, con lo que casi podría decirse que era el único objeto de valor que yo tenía, el cual estaba en el bolsillo de mi abrigo, vi a un hombre escoger un diamante tres veces el tamaño del que yo quería vender. Él había sido meticuloso en la investigación que había hecho y obviamente conocía acerca de todas las características importantes de un diamante como inversión. Con la ayuda de una vendedora, él examinó de cerca el que había escogido y lo llevó dos veces afuera a la luz para contemplar todas sus cualidades. Él habló un poco acerca de la limpidez, el color, los defectos, pero mayormente habló sobre lo mucho que amaba a la mujer a quien le estaba comprando el diamante. Yo estaba parada en la esquina y pensando acerca de lo irónico de la situación. Éste era su comienzo y, en el mismo día, éste era mi final. Él estaba lleno de entusiasmo y de planes excesivamente optimistas para la propuesta de matrimonio. Yo estaba más vacía que nunca, tratando de sentir lo menos posible para apenas pararme allí y respirar.

Así que observé al hombre por un largo rato mientras oraba para tener el valor de mostrarle mi pequeño diamante al que se apareciera, y para luego tener las agallas para pedirle que me lo comprara.

Finalmente vino un hombre bajo de estatura y ajetreado por la puerta trasera. Parecía estar realmente sumido en los detalles de la joyería que se encontraba en exposición y estaba supervisando las transacciones de las vendedoras mientras se iba acercando a mí. Nos miramos, y supe que él sabía. Su semblante se suavizó y cuando me preguntó en qué me podía ayudar, sentí que mis lágrimas me empezaron a correr instantáneamente por las mejillas.

De alguna manera pude decirle entrecortadamente que yo quería vender mi diamante. Y ese hombre tan gentil empezó a tratarme como si le acabara de ofrecer el Taj Mahal en baratillo. Sin avergonzarme. Sin juzgarme. Sólo la transacción de negocios de la venta de un diamante usado. Él pretendió no haber notado mis lágrimas. Estoy tan agradecida que me trató de esa forma.

Como en unos treinta minutos me entregó un cheque por mil cuatrocientos dólares, me dio la mano y me dijo con mucha sinceridad que lo sentía. Conduje directamente al banco, cambié el cheque y me fui caminando a una mueblería cercana. Allí gasté cada centavo de ese dinero comprando camas para los niños. De alguna manera parecía estar bien que vendiera mi anillo de compromiso, si el dinero se gastara solamente en ellos.

Ese día empecé desde cero. Y creo que ese fue el día en que empezamos a sobrevivir.

Mi vida como madre soltera no empezó sobreviviendo. Así que retrocederé y te diré qué ocurrió al principio, o quizá fue el final que se convirtió en el principio. De cualquier forma, lo que sea que hice no lo hice muy bien.

Convirtiéndome en madre soltera

El día en que mi matrimonio finalmente terminó, caminé de cuarto en cuarto, nauseabunda, temblando físicamente, limpiándome las lágrimas, y llenando tres cestos de lavandería con toda la ropa que pudiese encontrar para los niños. Les puse el cinturón de seguridad a dos de mis hijos y fui a la escuela a recoger a mis otros dos, y manejé por una hora para llegar a casa de mis padres. Mi mamá preparó comida, y mis hijos pensaron que sólo nos íbamos a quedar a dormir allí por una noche como diversión, excepto que nos quedamos a dormir por tres meses. Me doy cuenta de que es exactamente lo opuesto a cómo se dan las cosas usualmente, pero nunca regresé a vivir en la casa con las cosas que tenía. Los niños iban cada dos fines de semana.

Desde ese día hasta ahora, he sido madre soltera. He hecho mal cientos de cosas y finalmente logré hacer bien algunas cosas, pero de cualquier forma, estoy absolutamente segura de que este debe ser el trabajo más difícil que cualquiera pudiese tener. Debería haber una medalla especial para las madres solteras. Todas deberíamos conseguir medallas de oro, con ramos de flores, por vivir esta vida y por vivirla con aplomo. Alguien debería ponerse de pie y aporrear cada vez que llevamos a lo niños a la escuela a tiempo, con ropa y con el estómago lleno. O ponernos unas estrellas en nuestros diagramas de madres solteras cuando logramos llegar a los juegos de fútbol y los eventos escolares, y por trasnocharnos por quedarnos despiertos con el hijo que finalmente decidió hablar. Debería haber una línea de llegada al final del maratón de cada día, descorchando las botellas de champaña para celebrar, una banda tocando una canción y anunciando: «Allí está, la Madre Maravillosa». Y alguien debería estar ahí para abrazarnos fuerte porque dimos todo lo que teníamos.

Nadie se prepara jamás para criar a sus niños por sí sola. Ni siquiera lo había considerado como una opción, pero allí estaba yo, recién salida de una Corte de Divorcio, con un plan para criar niños y con cuatro hijos con corazones quebrantados que me tenían a mí como su madre.

Honestamente, no estoy realmente segura de cómo sobreviví mi primer año de madre soltera. Miro hacia atrás y sé que eventualmente se me activó el instinto de supervivencia. Lamentablemente, pasó un buen tiempo para que surgiera en mí la voluntad de querer seguir adelante. Por los primeros meses, no había ningún instinto para vivir dentro de mí. Sólo el deseo de querer evaporarme.

Sé que era en octubre. Estoy segura de que fue un otoño hermoso allá en las montañas donde me estaba quedando. Pero todo de lo que me puedo acordar son los colores de mi habitación en el sótano de la casa de mis padres. Mayormente marrón: las paredes y la alfombra de color marrón topo. Una sobrecama y la cabecera de color durazno. Una lámpara verde. Una silla floreada. Bien bonito, si es que uno puede ver bonito. En aquel entonces yo no podía ver bonito. Sólo podía ver siluetas borrosas de colores, con mucha oscuridad cerniéndose a su alrededor. Todos los días estuve en mi cuarto moviéndome de un lado al otro, pero mayormente, durante todos esos meses, sólo me la pasé acostada en la cama llorando.

Ahora miro hacia atrás y me doy cuenta que hasta eso fue un regalo. No todo el mundo puede tomarse tres meses para desmoronarse. Yo gritaba por mis hijos y por el rótulo con el que ahora los tacharían por mi culpa: *Verás, sus padres están divorciados.* Aporreé mi almohada y grité por el futuro que se les acababa de otorgar: Empacar una maleta cada dos fines de semana, tener cariño dividido, decidir con cuál de sus padres sentarse en los eventos escolares, lidiar con tonterías como olvidar la camiseta de béisbol en una casa cuando se necesita que esté en la otra, abrir los regalos de Navidad con uno de sus padres y luego tener que irse a las tres de la tarde por una semana. *¿Qué es lo que ha ocurrido?* Pensé.

Se me estaba cayendo el pelo, me temblaban los párpados, perdí unas treinta libras por la dieta del divorcio, estaba gravemente deprimida con todos los síntomas clásicos. Mis padres estaban devastados y sumamente preocupados por su hija, así que me enviaron al médico de la familia. La enfermera tomó mi historial médico y luego usó su estetoscopio para oír los latidos de mi corazón herido. Salí de allí con una receta para la depresión, pero nunca fui a la farmacia a buscar el medicamento. Por alguna razón extraña, yo quería aprender del dolor.

Durante el tiempo en que vivimos con mis padres, yo esta hecha un desastre. Me levantaba por las mañanas, manejaba por cincuenta minutos para llevar a mis hijos a la escuela, regresaba a la casa de mis padres, bajaba a mi habitación y me acostaba en la cama hasta que llegase el tiempo de irlos a recoger otra vez. Que Dios bendiga a mi mamá y a mi papá. Ellos realmente me ayudaron a sobrevivir cada día. Mi mamá cocinaba y me ayudaba a mantener la ropa limpia. Los dos me escuchaban hablar sobre las mismas cosas noche tras noche y me permitían estar a solas cuando ya no podía decir más. Creo que mi divorcio fue una de las cosas más trágicas por la que mi familia tuvo que pasar y yo detestaba hacerles eso. Aún detesto las oleadas de dolor que les causó a tantas personas en mi vida.

Al pasar los meses, yo sabía que tenía que hacer algo en cuanto a un lugar dónde vivir, pero no tenía la energía para buscarlo. Y además, yo no tenía nada. Realmente y verdaderamente nada. Ningún mueble, ningunos platos, ningunas toallas, nada de lo que uno necesitaría para crear un hogar. De todos modos, una mujer de treinta y nueve años de edad no puede vivir con sus hijos en la casa de sus padres por mucho tiempo. Empecé a orar.

Como siempre, mi amiga Lisa empezó a hacer algo. Una amiga de una amiga de ella, que también era madre soltera, había juntado unos muebles de segunda mano después de su divorcio. Ahora se iba a casar por segunda vez con un hombre que tenía una casa hermosa, así que no necesitaba la mayoría de las cosas que había adquirido. Ella quería dejarlas en la casa que había estado alquilando. Llega mi amiga Lisa, la mujer que sabe movilizar las cosas. Ella decidió que este sería el mejor lugar para mí, su pobrecita amiga, que tenía cuatro hijos y sin un lugar para vivir, y me llamó para decírmelo. «No sé», le dije. «Tal vez no estoy lista para hacer esto». En caso de que nadie lo haya notado, yo no tenía nada, no tenía trabajo y tenía un gran desastre como vida. No tenía ni la menor idea de cómo pagaría la renta de una casa. Lisa me escuchó por un minuto y me dijo que fuera a encontrarme con ella en la casa a las tres y media.

«¿Podemos hacerlo mañana?», le pregunté. Ella insistió en que fuésemos *ese mismo día*. Cuando no puedes ni siquiera juntar dos oraciones coherentes, una amiga mandona es una bendición.

Lisa ya estaba allí cuando llegué con el carro lleno de niños. Había una cesta de baloncesto a un lado del estacionamiento, así que mis hijos se pusieron muy felices. Todos mis hijos corrieron hacia la parte de atrás de la casa y encontraron dos llantas para columpiarse, las cuales estaban colgadas de un árbol que tenía unos 150 años. Caminé por el garaje hacia la cocina más pequeña que había visto en mi vida, y supe de inmediato que los cinco de nosotros teníamos que vivir allí. ¿Pero cómo? Aún no sabía cuánto iba a ser la renta y no podía imaginarme que podría pagar la cantidad que fuese.

Había calculado la cantidad de dinero que yo pensaba que podría ganar en un par de trabajos diferentes, los cuales esperaba poder obtener. Resultó ser que la dueña de la casa tiene uno de los corazones más grandes que haya conocido la humanidad, y el costo para rentar la casa era el mismo como para rentar un apartamento. Así que concretamos cuál sería el día en que nos íbamos a mudar y empecé a orar para que pudiese conseguir suficientes trabajos para poder proveer para nosotros y pagar las cuentas.

Y hablar de caminar por fe. Yo estaba físicamente saludable y le dije a Dios que haría cualquier cosa para así poder proveer para nuestra familia. Pero cuando nos mudamos a la casa, yo estaba completamente a oscuras en cuanto a qué sería eso. El único plan que yo tenía era trabajar duro y vivir con integridad. Parecía haber suficiente luz para esa decisión solamente. Desde allí, el camino no estaba claro. Tenía que dar un paso pequeño a la vez.

El primer paso pequeño que di fue cuando vendí mi diamante. El día en que vendí la única cosa que tenía para cuidar de mis hijos, fue el mismo día en que supe que íbamos a salir adelante. Hay algo en cuanto a caminar a través de la vergüenza y hasta las punzadas que se sienten al darse cuenta de que le están juzgando, que a uno lo hace más fuerte. Uno empieza a ver que la valentía no llega hasta que uno se enfrente cara a cara con lo que más teme. Empecé a conocer el poder de una fe de la cual yo sólo había hablado, pero nunca me había visto precisada a vivirla.

Cuando llevaron las camas de mis hijos a la casa que estábamos alquilando, recuerdo haber pensado: *Tenemos techo y tenemos camas. Todo va a estar bien.* Pero las sábanas. Se me habían olvidado las sábanas. Entonces abrí el armario que se encontraba en el pasillo de arriba. Sábanas, toallas, cobijas, todas las cosas que una mamá necesitaría para mantener a sus hijos calentitos. En la cocina había platos, utensilios, ollas y sartenes. En el cuarto de la lavandería había una plancha y una tabla de planchar. En el garaje había una máquina para podar el césped. No tenía idea de que la mujer que se había mudado de la casa había dejado tantas cosas. Ese día empecé a llamar mi casa: *La Bendición.* Cuando venía gente de visita, yo les preguntaba: ¿Les gustaría que les muestre *La Bendición*?

El convertirme en mamá soltera fue la cosa más difícil que me sucedió en la vida. Las circunstancias que rodearon a esa decisión fueron mucho más que devastadoras. El daño emocional que nos hizo a todos fue horrible. A todo el que me pida consejos, le digo: «Si existe alguna manera posible de quedarse casados, entonces quédense casados». No puedo soportar la idea de que alguien pase por esa clase de dolor. El divorcio hiere a todos, y digo a *todos*, y yo no quería herir a nadie, especialmente a los niños hermosos que amo.

«A mí nunca me va a suceder eso»

Convertirse en mamá soltera, bueno, eso *jamás*, y digo *jamás*, le iba a suceder a una chica como yo, por lo menos no a través del divorcio. Yo soy la hija de Joe y Novie. Al momento de escribir este libro, ellos han estado casados por cuarenta y cinco años. Están locamente enamorados, y a la verdad, yo nunca los he escuchado discutir ni los he visto pelear. Nosotros vivimos en un «hogar feliz», el cual tenía sus propias disfunciones, las cuales guardaré para otro libro, pero la palabra *divorcio* era completamente ajena a nuestra familia. La mayoría de mis tías, tíos, y primos aún están casados con la persona con quien empezaron. Y al ir creciendo, no conocí a nadie que se hubiese divorciado, ni viví por la calle donde vivían, ni fui a la iglesia con ellos. Así que crecí pensando que me iba a casar, vivir y morir con el hombre que yo escogiese. No cabían otras alternativas, especialmente para niñas buenas del sur que amaban a Dios.

Después de la universidad, hice mi curso de postgrado en Dallas Theological Seminary [Seminario teológico de Dallas], donde mayormente estudié Biblia y Teología. Me fascinaron los años que pasé allí. Me encantaron los profesores, la dedicación que tenían los estudiantes y la facultad administrativa de vivir con integridad y pasión, y el crisol de culturas y ministerios alrededor del mundo. Algunas veces le digo a la gente que tengo una maestría en «no divorciarse». Yo sé lo que me enseñaron, no sólo en el Seminario sino por mis padres y por todas las personas que han sido parte de formación espiritual a través de los años. No sólo me enseñaron bien, sino que también hice un compromiso personal profundo de adherirme a las promesas que hice en cuanto al matrimonio. Así que como verás, aunque más de la mitad de la población entra en un matrimonio que terminará en divorcio, nunca me iba a suceder a mí. Yo estaba preparada. Sabía mejor que eso. Estaba comprometida.

Luego, estaba divorciada.

No hubiese podido predecir cómo la vida perfecta que yo había planeado iba a explotar y no lo hubiera creído aun si Dios mismo me hubiese enviado una carta para decírmelo.

Casi todas las mujeres divorciadas que conozco dicen lo mismo: esto *no* le iba a suceder a ella. Muchas de nosotras no teníamos la intención de quedar siendo madres solteras. No era el sueño que teníamos cuando éramos niñas o adolescentes, o cuando nos graduamos de la universidad con planes de cinco años. Pero el divorcio sucede, y cuando pasa, te deja llorando en la oscuridad y gritando ante Dios: *¿Cómo me paso esto a mí?* Hasta mujeres adultas de hogares con padres solteros, muchas veces pensaron que por su determinación y por haber escogido mejor, harían que sus matrimonios no tuviesen el mismo trágico final. Estas mujeres habían pasado por ello cuando eran niñas, y nunca iban a dejar que eso les sucediera a sus propios hijos. Pero ahora todos sabemos que existe la vida que uno sueña tener y la vida que uno vive en la realidad. El divorcio hace que me duela el estómago.

Sé que muchas de ustedes quedaron siendo madres solteras por razones completamente diferentes. Recientemente, dos de mis amigas perdieron a sus esposos por muertes trágicas. Estas mujeres instantáneamente se convirtieron en el único pariente que quedaba en cada uno de sus hogares. El esposo de otra amiga acaba de morir a causa de una enfermedad. Mi corazón llora contigo si de repente te has quedado viuda. Ni siquiera voy a pretender que sé cómo te sientes o que entiendo las emociones que enfrentas. Pero aun así puedo estar contigo. Aunque todo se vea oscuro, hay una verdad que permanece: Todavía hay niños que criar y una vida que vivir, sí la tuya.

Un par de amigas mías que nunca se han casado, adoptaron desinteresadamente a unos de los niños más hermosos de este planeta. Ellas sabían lo que estaban haciendo. Sopesaron las responsabilidades con mucho cuidado y oración, y luego escogieron intencionalmente de corazón. Aunque los riesgos serían enormes y el compromiso sería de por vida, mis amigas dicen que tomarían la misma decisión un millón de veces más. Sus hijos son increíbles, milagrosamente rescatados de orfanatos que están al otro lado del mundo. Y sin embargo, ninguna de mis amigas jamás soñó que alguna vez llegaría a ser mamá soltera. Pero también estas madres me dicen que después de que uno lo hace solo, entiende el por qué la mejor alternativa es una mamá y un papá que se amen mutuamente y críen a un niño juntos como un equipo. Es dolorosamente evidente que aunque el niño haya sido rescatado, el corazón de él o ella fue hecho para tener dos padres. Tener una madre o un padre maravilloso es un regalo de Dios. Tener a ambos es un regalo multiplicado. Todo queremos eso para nuestros hijos.

Casi sin alternativas

No importa cómo llegamos a la Tierra De Las Madres Solteras, quedamos asombradas al ver adonde fuimos a parar. A mi me parece que no es la forma en que debería ser ni como lo hubiésemos deseado jamás, pero ¡vaya!, esta es la realidad. Somos madres solteras y desde el principio tenemos alternativas:

PODEMOS CAERNOS, QUEDARNOS AHÍ Y DARNOS POR VENCIDAS. Dependiendo de cómo llegaste a ser madre soltera, quizás una caída emocional es exactamente la forma en que respondiste a las circunstancias que te trajeron hasta aquí. Para mí, esa es la forma exacta en que se debe responder, tomando en consideración algunas de las historias que me han contado. ¿Quién pudiese siquiera respirar después de haber recibido un mensaje de texto en el celular diciéndole que su esposo ya no la ama más? ¿Cómo pudiese alguien siquiera imaginarse a un policía parado al frente de la puerta, con sombrero en mano, trayéndole detalles sobre la peor pesadilla hecha realidad?

Cuando repentinamente e irrevocablemente te arrancan la vida que habías planeado tener, cada fibra de tu alma tiene el derecho de gritar de dolor. Nadie debería tener que pretender ser suficientemente fuerte y valiente al sufrir una pérdida trágica repentina. Deberías caerte en duelo y dejar que tu alma sufra por la pérdida de lo que pudo y debería haber sido. Te conté acerca de los meses que me quedé tirada en cama cuando estaba en la casa de mis padres. Todavía no me puedo imaginar alguna otra forma de reaccionar ante esa clase de ansiedad y dolor.

Así que pienso que es legítimo caerse. Cuando todo se derrumba, quizás una de las cosas más saludables que podemos hacer es tomar responsabilidad por las circunstancias y sufrir por nuestra pérdida, llorar a gritos: «Todo se ha derrumbado y me es imposible quedarme de pie bajo todo este sufrimiento». Laméntate de la manera en que tu alma se sienta liberada. A esto yo lo llamo caerse, pero tal vez para ti sea esconderte o desmoronarte. Lo que sea que le llamemos, no podemos quedarnos caídas, escondidas o desmoronadas. No podemos darnos por vencidas. La vida nos está llamando por nombre. Lo increíble nos está esperando a ti y a mí. No importa cuán doloroso o extenso sea tu sufrimiento, el día llegará en que será el tiempo de pararte otra vez.

PODEMOS PARARNOS, PERO AÚN DEJARNOS LLEVAR POR LOS VIENTOS DE LA CIRCUNSTANCIA, LA EMOCIÓN Y EL DESALIENTO. Esta fui yo por un par de años, parándome como madre soltera, pero con incertidumbre y completamente asustada. Dejaba que la gente pensara por mí y hacía cualquiera cosa que otra persona me sugiriese. Gracias a Dios, aquellos que me amaban me ayudaron a tomar muy buenas decisiones durante ese tiempo, pero me sentía tan indefensa e incapaz. Era como si alguien me tenía que dar mi próximo aliento o si no me sofocaba. No podía tomar una decisión a menos que les preguntara a tres personas qué hacer. Viví la mayoría de esos días reaccionando solamente, cumpliendo mis responsabilidades de madre. Sin ninguna fuerza por dentro, sólo haciendo lo que tenía que hacer. No sé ni cómo mis hijos comieron o se vistieron esos primeros años, pero obviamente lo hicieron, e increíblemente yo fui la que lo propició.

Pero pararse y dejarse llevar por los vientos de cada nuevo dilema y circunstancia, no es vivir realmente. Esa clase de vida es insegura y temerosa. Vivirías sin esperanza o expectativa, sin poder ver cuáles son las posibilidades para una mujer como tú, con hijos como los tuyos. Yo deseo muchísimo más para tu vida como madre soltera.

PODEMOS PARARNOS, ANALIZAR NUESTRAS HERIDAS Y NUESTROS ALREDEDORES, Y LUEGO DECIDIR HACER LO QUE SEA NECESARIO PARA VIVIR LA VIDA MÁS FABULOSA POSIBLE. Yo sé que tomar esta decisión y tener esta clase de determinación de mujer fuerte toma tiempo, pero eventualmente llega el momento de tomarla. El sufrimiento terminará. Tú querrás seguir adelante. Las nubes que obstaculizaban tu visión, empezarán a disiparse. Hay una vida realmente buena que te está esperando y eventualmente llegará el tiempo de hacer lo que sea necesario para vivir nuevamente. Si yo hubiese leído palabras como estas antes de que mi corazón las pudiese asimilar, estoy segura de que hubiese farfullado algo como: «¡Imposible!» Quizá no estés lista aun, pero algún día llegará el tiempo de retomar tu vida. Tu mente estará clara y preguntarás: «¿Qué tengo que hacer para empezar a vivir nuevamente?»

«Lo que sea necesario» es diferente para cada una de nosotras, así que lee lo siguiente y encierra en un círculo cualquiera de las cosas siguientes que sea parte del próximo paso que tienes que dar:

- Vé a ver un médico en cuanto a esa depresión que no se te quita.
- Averigua adónde están dando clases de recuperación y haz planes para asistir.
- Toma tiempo y siéntate con tus niños para hablar acerca de adónde están y adónde van.
- Busca una iglesia adonde tu familia pueda ser aceptada y amada.
- Vete sola por un fin de semana para reflexionar.
- Disfruta un fin de semana lleno de risas con algunas de tus amigas.
- Empieza a escribir tus emociones en un diario y a combatir tus temores.
- Llora una vez más.
- Toma la decisión de que ya se acabó la lloradera y que es tiempo de volver a empezar.

Es tu responsabilidad el averiguar qué es lo que tienes que hacer para montarte en el tren de tu nueva vida. Algunas de ustedes están listas, algunas se están preparando, y otras solamente están sorprendidas de que todavía están respirando. Pero donde quiera que estés en esta jornada, quiero que sepas que estoy orando por ti. Creo con todo mi corazón que Dios desea estar junto a ti, y que Él puede proveer todo lo que necesitas, puede protegerte y puede sanar todas tus heridas. Él es el único que puede llevar a una madre soltera desde el cero hacia la esperanza.

• • •

En cada capítulo compartiré las mismas lecciones que Dios todavía me esta enseñando a mí. Tú sabes, aquellas cosas que uno aprende al crecer en esta vida.

Una amiga me dijo: «Muchas mujeres deberían sentirse bien al saber que sus vidas de madres solteras no han sido tan terribles como la tuya». Nosotras nos reímos acerca de esto, pero espero que sea verdad. Aunque algunos de tus sufrimientos hayan sido mayores que los míos. Pero por otro lado, a algunas de ustedes las han protegido y cuidado mejor que a mí. Pero a todas les digo que si puedo ofrecerles algún tipo de esperanza en estas lecciones, inclusive las vergonzosas, lo haré con honestidad y franqueza. Tomaré responsabilidad por mis decisiones estúpidas para que ustedes no hagan lo mismo. Y mientras estoy escribiendo, espero y pido en oración que tú y tus niños hermosos sean bendecidos más de lo que te puedas imaginar. Quiero que logres vivir una aventura apasionada y llena de diversión. Sé que pensábamos que iba a ser diferente, pero aquí está y no nos podemos dar el lujo de perdernos de nada. Así que aquí están mis lecciones para este capítulo:

Mis lecciones sobre empezar de cero

DIOS ESTA CERCA. Cuando sólo éramos los niños y yo, y no tenía ni idea de lo que el futuro nos depararía, algo milagroso sucedió: empecé a ver a Dios por todos lados. Finalmente pude oír su voz porque estaba desesperada por obtener Su instrucción. Al esperar con las manos vacías y con niños que cuidar, yo dependía completamente de Su provisión. Si Dios no cumplía Sus promesas, no tendríamos nada. Clamé por su compasión, muchos días rogándole: «¡Ten piedad de nosotros! ¡Ten piedad!» Y Dios vino con misericordia. Aun cuando no *sentía* la misericordia o la presencia de Dios para nada, miro hacia atrás y sé que mis oraciones fueron escuchadas. Aprendí que sentir o no sentir a Dios, no determina Su presencia.

Cuando me sentí avergonzada e indigna de ser cuidada, nuestro Dios cercano se inclinó para levantarme y me llevó desde cero hasta este minuto preciso. Cada lección que he aprendido ha sido por Su gracia. Cada onza de consuelo y fortaleza ha sido dada por la fidelidad que Él prometió. Ahora, Él es más real para mí que nunca. Dios esta cerca y Él cuida de las mujeres como nosotras. Y te digo, Él es bueno, muy, muy bueno.

En el Seminario, mi himno favorito era una canción antigua y hermosa llamada: «Grande es tu Fidelidad». Me ponía de pie en la capilla y cantaba todas las estrofas con los ojos cerrados, como si supiera lo que significaban. Poco sabía lo novata que era. Como madre soltera, la gran fidelidad de Dios ha sido mi fortaleza y salvación. Él siempre ha estado cerca; pero ahora cuando canto acerca de Su fidelidad, soy como una niñita, sentada en los hombros de mi padre y gritando en voz alta: «¡Nadie me puede alcanzar ahora! ¡Estoy a salvo aquí arriba con mi padre!».

VAS A ESTAR BIEN. Cuando estás en cero, es difícil creer y aun más difícil ver, pero te prometo esto: Una mujer que le pertenece a Dios y se envuelve en la verdad de Su bondad saldrá adelante.

Cuando empecé a sentirme más sana, me escuchaba a mi misma decir: «Todo va a estar bien». Mis amigas hasta me dieron una camiseta con esas mismas palabras inscritas, para que sólo tuviese que señalar el dedo hacia mi camiseta. Yo no tenía respuestas concretas para nada en esta vida, pero algo por dentro empezó a ver la luz. Empecé a escuchar que Dios me estaba susurrando: *«Estás en mis manos. Todo va a estar bien»*. No te puedo decir lo lista que estaba yo para creer eso.

Algunas veces sólo tienes que vivir como que si creyeses que algo fuese cierto hasta que la experiencia lo compruebe. Empecé a vivir como si todo me iba a salir bien. Mis hijos iban a estar bien. Mis finanzas iban a estar bien. Hasta mi corazón iba a estar bien. No teníamos que estar condenados a tener años de terapias, sentimientos de culpabilidad y malas decisiones. La verdad es que la vida podía volver a ser maravillosa.

TUS HIJOS VAN A ESTAR BIEN. Esta es la segunda estrofa de la misma canción. Tus hijos viven bajo la sombra de lo que tú te estás convirtiendo. Cuando vas a estar bien y tú lo sabes, esa misma actitud se les transfiere a ellos. Ellos también van a estar bien porque se los estás demostrando a través de tu rostro resplandeciente y por las decisiones que estás tomando.

QUEDAR EN CERO PUEDE HACER QUE UNO SE SIENTA AGRADECIDO Y QUE SEA GENEROSO. Cuando uno no tiene nada, absolutamente nada, entonces el temor de no tener nada desaparece. Tú puedes aprender una lección poderosa al quedar en cero, no tener nada, y aun así poder despertarte con una pequeña esperanza dentro de tu corazón. Es fabuloso no tener nada pero vivir con niños que no lo saben. Empezar de cero puede ser uno de los regalos más hermosos que tu carácter pueda recibir.

En cero, todo lo que recibes es un regalo. Una promesa de trabajo, otra semana con comestibles, un tanque lleno de gasolina, una palabra bondadosa por parte de un desconocido, una tarde con tus hijos en la piscina de otra persona, flores en la mesa, o agua caliente para bañarte. Estás agradecida por todo y vives agradecida de encuentro en encuentro, porque has estado en cero y Dios te ha dado una nueva perspectiva. La vida es más preciosa. La gente y el amor que sienten por ti, se convierten en tus bendiciones.

El cero también te hace ser generosa. Una vez que te ha tocado empezar de nuevo con nada, sabes qué se siente cuando se recibe bondad. Así que le das ese mismo sentimiento a otra persona, a otra mamá, o a la amiga de tu hija que se siente sola y herida. Un abrazo extenso, un lugar para otra persona en la mesa a la hora de cenar, un sofá para que otra persona tenga un lugar donde dormir. Tu das y compartes lo que tienes, porque no tiene sentido ser egoísta cuando estas en cero.

He dicho esto antes, pero lo voy a decir otra vez: mi sufrimiento, el quedar en cero, el perder casi todo, es lo mejor que llevo conmigo hacia el futuro. Soy una mejor mujer a causa de eso. Amo con más pureza y sin juzgar. Vivo más apasionadamente porque el cero me ha hecho estar más agradecida.

Deja que el cero te haga ser gentil y estar agradecida también.

• • •

Una mujer vende su diamante cuando se le acabaron las alternativas. Es hora de empezar de nuevo, y la persona adulta, a la cual llaman mamá, tiene que hacer algo que requiere valentía.

Ser madre soltera probablemente es un camino muy distinto al que hubieses escogido. Pero ahora eres mamá soltera. Quizás estés asustada y estresada, y muy cansada de estar haciéndolo todo tú sola. Esta vida es definitivamente desafiante y el tener que empezar de nuevo, es un reto enorme y espeluznante. Pero cuando estás en cero, Dios está cerca. Y el resto de toda tu vida grandiosa y fabulosa está por delante. La verdad es que tú y tus hijos sólo están empezando. Así que haz todo lo que sea necesario y acepta las lecciones cuando te vengan. Vamos a ser mejores mujeres a causa de ellas. Y te prometo que lo mejor aún está por venir.

una mamá cambiada

El otro día, mis hijos encontraron una foto vieja de la familia. Cuando tomamos esa foto, yo estaba casada. Mi hija menor, AnnaGrace, parecía tener como unos ocho meses de edad. Tuvo que ser un domingo de Pascua porque cada uno de mis hijos estaba bien vestido y las flores del fondo habían florecido totalmente. Mis hijos estaban tan pequeños en esa foto. Era casi como si fuese una familia diferente la que estaba sentada en las rocas detrás de la casa donde vivíamos antes.

Entonces uno de mis hijos preguntó: «Mamá, ¿quién es esa señora que tiene a AnnaGrace en sus brazos?»

Era yo.

Casi ni me reconozco a mí misma. Cabello corto y anticuado. Un vestido sin gracia que parecía una tienda de campaña. ¡Y los ojos! Pensarías que mis ojos siempre se verían igual, pero los ojos de esa mujer estaban tristes, vacíos y solitarios.

A la verdad, por un momento pensé: *¿Quién es esa?* Pero ella tenía *mis* dientes y estaba con *mis* hijos. Sí, era yo. Estaba avergonzada de ver la mujer que yo era antes.

Las cosas han cambiado para mí. Pero mayormente en los ojos. Claro que tienen un poco más de arrugas, pero ya no están vacíos.

Qué terrible haber vivido tan vacía por tanto tiempo. Cuán agradecida estoy de haber sido totalmente cambiada.

• • •

Algunas veces, cuando estaba vacía, yo gritaba. Y no eran gritos pequeños y amortiguados tampoco. Los gritos que salían de mi eran verdaderos. Estoy segura de que todos los que estaban adentro de la casa podían oírme (y probablemente los que estaban afuera también). No me puedo acordar de la última vez que pasó, definitivamente no en los últimos cuatro años, pero hubo una temporada en que de vez en cuando, yo gritaba cuando todo se me venía abajo.

Lamentablemente, a las únicas personas a quienes yo les gritaba eran mis hijos. Después de gritar acerca de lo que fuere la gota que acababa de derramar el agua, me ponía a llorar por lo heridos y aterrorizados que se veían mis hijos. Algunas veces hasta vi temor en ellos. Yo no soy de gritar, así que notaba que mis hijos ni siquiera sabían quien era cuando me arrebataba. Sé que gritaba porque no tenía nada y me había dado por vencida completamente. Era un llanto desesperado y vacío, como cuando se llora la muerte de alguien. Qué cosa tan inmadura y vergonzosa que una mujer tan educada hiciese delante de sus hijos.

Hoy en día mis hijos se refieren a esos episodios de llantos y gritos como los «colapsos de mamá». Ya les he pedido perdón y ellos me han perdonado. Ellos hacen bromas acerca de los colapsos ocasionales, pero luego sus ojos me dicen: *Pero nunca más lo vuelvas a hacer. No nos gusta la «mamá aterradora»*. Ningún niño debería tener que soportar a una «mamá aterradora», pero los míos lo hicieron.

No sé lo que haces cuando te sientes vacía. Quizá gritas también. Tal vez lloras o duermes, o bebes o tomas otras malas decisiones. Quizá descargas tu ira con tus niños o los haces sufrir al distanciarte de ellos.

Pero no puedes continuar viviendo vacía. Es el lugar más desesperado y solitario del mundo. Y además hiere a las personas que amas. Y si estás vacía, es tiempo para un cambio.

Una mamá superenredada

Cuando mis hijos y yo nos mudamos a esa primera casa pequeña de alquiler, no tenía ni idea de lo que estaba por venir. Al principio, solamente me la pasaba organizando la casa y poniendo todo en orden. Quería que se sintiera hogareño, así que pinté la minúscula habitación de los niños y encontré unas cobijas que les gustaban. La habitación de las niñas quedó muy bien con las camas nuevas y una cómoda que nos regalaron. Renovamos el acabado de algunos de los muebles que habían dejado en la casa. Pusimos carteles y llegamos a conocer a los vecinos, y en un corto tiempo, al estacionarnos en el garaje, llegábamos a «nuestro hogar».

Acomodar a mi familia en *La Bendición*, fue el primer paso a tomar en nuestra nueva vida, pero un proyecto mayor aún estaba por venir. Ese proyecto era yo. Cuando eres madre soltera, te guste o no, eres el centro del pequeño mundo de tu familia. En un día cualquiera, mi familia funcionaba o no funcionaba, dependiendo de si yo tenía fuerzas o no. Si yo estaba enredada, todo iba a estar completamente enredado. Si yo estaba divertida, ¿adivina qué? Todos nos divertíamos.

Al principio, yo era toda una montaña rusa por mis emociones y mi confusión. Trataba de que mis hijos no se dieran cuenta, pero ellos me lo veían bien claro. Me escondía en mi cuarto cuando sentía que se me iban a salir las lágrimas, pero ellos sabían. Me mataba saber que los estuviese hiriendo con mi dolor, y me di cuenta rápidamente que esto tenía que parar. Si no por nadie pero por mis hijos, su mamá tenía que retomar su vida o empezar una vida totalmente nueva. Postergarlo sólo significaría más dolor para todos nosotros.

Quizá hayas oído esto acerca de la sanidad y la recuperación: *Tienes que decidir hacerlo por ti misma*. Yo no lo hice, bueno, es decir, no por mí. En ese tiempo, yo estaba tan derrotada y herida que si fuese por mí, me hubiese podido meter en una cueva para que no me vieran jamás. Pero mis hijos necesitaban una mamá viva y real. La clase de mamá que se sonríe de corazón. La que juega con los rompecabezas y presta mucha más atención que asentir con la cabeza y decir: «sí, cariño». Una mamá que ha vuelto a soñar y que se siente apasionada nuevamente. Viva, despierta, y derramándose sobre sus tiernos corazones. Yo decidí hacerlo realidad porque mis hijos se lo merecían.

Pero Dios tenía que tomar las riendas. Mi corazón quebrantado necesitaba sanidad en grande. Yo estaba superenredada y no podía salirme de ese enredo por mí misma.

El único

Cuando me convertí en madre soltera, un sinnúmero de cosas cambiaron. Claro está que hubo un cambio inmediato en el lugar donde vivíamos y cómo sobrevivimos. Pero el trauma emocional y espiritual fue una parte que me mantuvo enredada por demasiado tiempo.

Soy una mujer de mucha fe. Sé que no me conoces pero he amado a Dios por mucho tiempo ya. He recibido capacitación bíblica y he enseñado a otros tanto de mis conocimientos acerca de Él, como de la pasión que siento en mi corazón en cuanto a Sus caminos. He tratado de vivir mi vida basándome en Sus principios e instrucción. Creo en Dios como mi Creador y para mí tiene sentido que el Creador sepa cómo se debe vivir esta vida. Yo creo que Dios envió a su hijo Jesús para salvarme del castigo eterno que yo merecía a causa de mi pecado.

Se pensaría que una joven que ama tanto a Jesús debería saber instintivamente adonde ir cuando su alma se siente vacía. Yo sabía, pero cuando entré a la Tierra De Las Madres Solteras, pensé que Dios se había decepcionado de mí. Según algunas personas, Él hasta estaba enojado conmigo y probablemente no quería tener nada que ver con una mujer que no sabía cómo mantener las cosas en orden. Y aunque siempre le había enseñado a la gente en cuanto al perdón y la misericordia de nuestro Padre Celestial, yo me sometí a una norma altanera y de un nivel elevado. Yo quería ser perfecta ante Dios y mantener mi historial limpio. Así que cuando mi vida se desmoronó, me escondí, abochornada de que Dios viera todo mi quebrantamiento. Avergonzada por lo vacía que estaba. Enojada conmigo misma porque yo sabía lo mejor, pero no pude *hacerlo* mejor. No pude limpiarlo y hacerlo perfecto para Dios.

Los artículos redactados para las madres solteras le animan a salir, a conocer gente, tomar una clase, mejorar sus aptitudes, o a irse con unas amigas. Todas esas cosas son increíblemente valiosas. Yo he tomado el consejo de muchos de los artículos y he hecho casi todas las cosas morales que recomiendan para mejorar mis alrededores, mi satisfacción y mi paz interna. He viajado, me he hecho faciales, he probado diferentes restaurantes, me he salido de mi zona de comodidad, he conocido personas nuevas e interesantes, y hasta tomé una que otra clase. Y todo eso fue divertido y expandió mi horizonte, pero ninguna de estas actividades sirvió para llenar mi alma vacía. Al regresar a casa después de haber tenido conversaciones fascinantes con personas extraordinarias y eclécticas en la inauguración de una galería, el vacío que sentía me daba la bienvenida cuando llegaba a mi auto. Siempre presente. La copa de mi alma aún estaba seca y vacía.

Yo lo he tomado despacio con Dios. Ridículamente despacio. La primera vez que oí acerca de la verdad en cuanto a que Jesús es el Salvador, mi alma lo aceptó de inmediato. Yo sabía que lo necesitaba a Él en ese mismo instante, y oré fervientemente, y le pedí que me salvara. Pero cuando oí el evangelio por segunda vez, yo pedí eso en oración otra vez. Pienso que le pedí a Jesús que sea mi Salvador como unas 150 veces entre la escuela secundaria y la universidad, sólo para estar segura. Siempre temía haber omitido algo. Una vez más por si acaso. Nunca estaba segura de haberlo hecho de la manera correcta. Y es mas, yo estaba segura que no lo merecía, así que permanecía desequilibrada y sin confianza. Por extraño que parezca, yo tenía la esperanza de que Dios estuviese complacido por mi búsqueda perpetua.

Recuerdo vívidamente la última vez en que oré y le pedí a Jesús que fuese mi Salvador. Esto es cuando oí a Dios decir en mi espíritu: *Angela, me estás cansando. No me lo tienes que pedir otra vez. Te escuché la primera vez.* El único que me ha llenado es nuestro Señor y Dios. Y la única forma en que Él me pudo hacer salir de mi escondite fue entrar y sacarme. Durante todo el proceso del divorcio, yo oré, adoré a Dios y le pedí dirección, pero me escondí de Él en mi alma vacía por la vergüenza que yo sentía. Mantuve ocultas las preguntas más profundas y más aun, mi temor a las respuestas.

Pero ahora, como madre soltera, estaba vacía otra vez. Y lo estaba tomando despacio nuevamente. Me tomó tanto tiempo para que finalmente pudiese susurrar a través de la distancia que nos separaba: «¿Cómo podrías amar a una mujer como yo? Sé que debes estar decepcionado. Me imagino que también estas enojado conmigo. ¿Te parece que mi vida es fea? ¿Crees que soy hermosa?»[1]

Quizá mi alma se quedo vacía por tanto tiempo porque yo todavía lo estaba tomando despacio. Pero finalmente, escuché a Dios decir: *Angela, no creo que conoces tu Biblia muy bien, porque si la conocieras, entonces sabrías que el libro de Romanos, capítulo ocho dice que nada que te suceda, nada que puedas escoger o sufrir, ninguna cantidad de consecuencias que puedas soportar, ni trato discriminatorio,*

---

1. Puedes leer acerca de esta jornada en mi libro *Do you think I'm beautiful?* [¿Crees que soy hermosa?]

ni cualquier cantidad de abuso o pobreza, o aflicción, o imperfección, o demonios, o cualquier cosa en toda la creación, nada puede cambiar jamás mi amor por ti (versículos 38-39).

Cuando oí a Dios ese día, así tan claramente en mi espíritu, lloré. Y Dios y yo empezamos a hacer intercambios ese día. Le ofrecí mi aflicción y mi vergüenza; Él los reemplazó con Su misericordia y Su interminable amor. Le mostré mis consecuencias; Él las reemplazó con perdón. Le revelé tímidamente mis temores, y el Dios de los Cielos se inclinó y me atrajo hacia Él. Me vi en Sus brazos, donde ninguna persona malvada o conspiración podría alcanzarme. Yo le pertenecía a Dios.

Finalmente mi alma se estaba volviendo a llenar. Él todavía me quería. La quebrantada. La imperfecta. La divorciada y madre soltera con cuatro hijos. La que se preguntaba: ¿Como vamos a hacer esto? La verdad en cuanto a Su gran amor salió a relucir. Aquella primera vez, yo necesitaba a un Salvador y Él nunca me dejó. Nunca me dio la espalda. Yo era suya y Él era mío. Su amor era lo que me iba a sanar. Entender personalmente la devoción que Dios tiene hacia mí fue la única cosa que me dio la valentía para empezar de nuevo.

Tal vez *tú* necesites un Salvador. Dios promete venir la primera vez que se lo pidas.

A lo mejor quieres saber si Dios todavía se interesa en una mujer como tú. Él escribió Romanos 8.38-39 para ti también.

Quizá tú también tienes mucho dolor para intercambiar. Eso es lo hermoso de la redención. Dios la da libremente a cualquiera de nosotros que quiera poner su vergüenza, inseguridad y aflicción sobre Su altar.

Haciendo un intercambio

Redención es cuando traes algo que es de poco valor o que se ha convertido en un inconveniente, y se hace un intercambio por algo mejor. Tú intercambias tus heridas o consecuencias por bendiciones hermosas e increíbles, a pesar de lo negativo y hasta quizá a causa de ello. En la redención completa, el amor sana el quebranto. El caminar sin rumbo se transforma en una vida satisfecha y con visión del futuro. Las mentiras se intercambian por la verdad. El lamento se convierte en danza. Un millón de pedazos quebrantados son transformados en una jornada vibrante, intacta y mejor de lo que jamás hayas soñado.

Esa clase de intercambio redentor me sucedió a mí. Y el intercambio continúa. El que esta haciendo el intercambio, el Redentor, es al que yo llamo Amor Perfecto, Dios, el único que puede cambiar el quebranto en belleza. De no ser por Su fidelidad hacia mí, nunca hubiese habido redención. Estoy convencida de que Su misericordia es la razón por la cual mi vida empezó nuevamente. Sin Su precioso amor, estoy segura de que yo hubiese estado en alguna parte en una cueva desconocida que para este tiempo probablemente estaría llena de moho, y casi ciega por tratar de ver en la oscuridad. En lugar de ello, estoy tan increíblemente agradecida de que Dios no permitió que eso le sucediera ni siquiera a una mujer como yo. Y lo que Él ha hecho por mi, Él esta listo para hacerlo por ti.

> «*Dios me libró de caer en la tumba; ¡estoy vivo y disfruto de la luz!*» (Job 33.28)

¿Haz refrenado tu alma? ¿Haz intentado seguir todas las estrategias y artimañas para poder tener una mejor vida, pero todavía quedas vacía al final del día? Sé honesta contigo misma y entrégale ese vacío a Dios. A cambio, Él te llenará.

Si en realidad hubiese alguna otra forma para llenar ese vacío, estoy segura de que ya para este tiempo la hubieses encontrado. La única respuesta que he conocido para mi alma vacía es el amor alto, ancho, grande y profundo de Dios. Suficientemente grande para mí y suficientemente grande para ti.

No sé si necesitas empezar de nuevo. A lo mejor ya haz encontrado el camino hacia la vida maravillosa que les espera a ti y a tus hijos. Pero quizá te encuentras parada en medio de un millón de pedazos, pensando qué será de ti, preguntándote cómo podría salir algo hermoso de estas circunstancias. ¿A dónde irías? ¿Y qué de los niños? Tal vez estás cansada y no puedes ni siquiera sacar la energía para cocinar, mucho menos para pensar acerca de empezar otra vez.

Si tu espíritu está quebrantado y tu cuerpo se siente débil, y tus hijos están sufriendo porque su mamá está vacía, estoy orando para que algunas de estas palabras logren alcanzar tus tinieblas. Yo conozco al que puede sanar tu corazón afligido. El que promete un intercambio santo. Él está aquí. Nuestro Dios puede sanarte. Tú puedes empezar tu vida de nuevo.

El intercambio santo llamado redención ha cambiado mi vida por completo. Comencé a vivir de nuevo cuando empecé a creer que Dios todavía tenía una vida milagrosa reservada para mí. Yo creo lo mismo para ti, con cada hueso apasionado que tengo en mi ser.

No sé si necesitas detenerte por unos cuantos minutos y respirar profundo para que algunas de estas cosas puedan penetrar en tu corazón.

Tal vez necesites un tiempo para considerar dónde estás con Dios. ¿Estás vacía y distante, o estás llena y envuelta en Sus brazos? Yo he estado en los dos lugares. Muchas veces, mi distancia y mi vacío son precisamente las cosas que me dicen que lo que más necesito es a Dios.

Cuando siento que mi mente está rechazando los pensamientos espirituales y mi búsqueda de Dios, una señal de advertencia sale y grita: *¡Angela, andas mal!* Trato de ver esa señal apenas sale y permito que me envíe nuevamente a los brazos de Dios.

¿Estás lejos de Dios? ¿Te has hallado vacía otra vez? El vacío va a gritar dentro de ti, enviándote señales que te dirán adónde estás en estos momentos.

¿Es posible conocer a Dios y aun así tener dolor o sufrimiento que necesite un intercambio justo? A mí me pasó. Como dije antes, yo siempre he creído en Dios, pero no siempre he sido honesta con Él. Muchas veces me mantuve alejada, cuando lo que necesitaba era correr hacia Él para recibir afecto y sanidad. Y cuando vivimos distanciadas de Dios, estamos desequilibradas, como si estuviésemos estancadas o como si la vida se hubiese detenido. ¿Conoces a Dios, pero aun así te sientes estancada? Entonces tal vez haya *algo* que necesites intercambiar, algo que te haz guardado hasta ahora.

¿Cuáles pedazos de tu vida necesitan ser redimidos? Puedes empezar con tu corazón, o con una actitud, o con algún hábito. Mientras más pronto seas honesta con el que ya conoce tu necesidad, más pronto tendrá lugar el cambio vivificante.

¿Dónde necesitas oír a Dios hablarte claramente en cuanto a tu corazón? Si estuvieses tranquila y le dijeses la verdad a Dios, ¿qué le escucharías decir? Si estás oyendo condenación, no estás oyendo de Dios. La Biblia dice que: «Por lo tanto, ya no hay ninguna condenación para los que están unidos a Cristo Jesús». (Romanos 8.1) Cuando oyes de Dios, Él te hablará con amor, ofreciéndote palabras de misericordia y redención. La voz condenadora es del acusador, que quiere que sigas viviendo con un corazón vacío y quebrantado.

No andes despacio con Dios. Ahora mismo, tómate todo el tiempo que necesites, arrodíllate, y llámalo por Su nombre poderoso. Escríbelo si no puedes pronunciarlo. Pero pon la verdad sobre Su altar. Sé persistente con Dios. No dejes que otro día vacío pase. Dios te está esperando para que intercambies tu corazón vacío por la llenura que Él ha prometido.

Algunas veces una relación con Dios le sonará como un «pedazo de cielo» a la mujer que se encuentre en cero. Ya yo entiendo. Quizá sientes como que esto acerca de Dios es demasiado bueno para ser cierto o que nunca antes habías experimentado esta clase de amor. Bueno, esto es más o menos de lo que se trata en cuanto a Dios: Una nueva vida para los que no tienen esperanza, sanidad en lugar de sufrimiento, llegar más allá de tu imaginación justo cuando el último sueño que tenías se te estaba yendo por la puerta. Si te encuentras en cero y entonces elevas tu mirada hacia Dios, a lo mejor decidas seguir adelante. Tengo el presentimiento de que Dios se está preparando para lucirse. Él está preparado para demostrarle a la mujer más vacía del planeta, lo que puede significar tener un cambio al estilo de Dios y tener Su amor.

Lecciones de una madre cambiada

EL VACÍO DEL ALMA HERIRÁ A TUS HIJOS. Cuando crías a tus hijos con un vacío, ellos obtienen poco o nada del cuidado y de la consistencia que necesitan de ti. No digo esto para aumentarte los sentimientos de culpabilidad, porque el Señor sabe que todos tenemos suficiente de ellos. Sólo quiero recordarte que el vacío no es saludable ni para ti ni para tus hijos. Así que, aunque no estés motivada para cambiar por tu bien, ¿lo harías por el bien de tus hijos? Ellos merecen la oportunidad de tener en la vida a una mamá saludable, cuya vida redimida se está volviendo maravillosa.

TU REDENCIÓN MOLDEARÁ LAS ALMAS DE TUS HIJOS, TU MANERA DE CRIARLOS, Y LA MANERA EN QUE VIVIRÁN EL RESTO DE SUS VIDAS. Cuando el alma vacía halla sanidad y empieza a llenarse de la bondad del amor de Dios, ¿sabes qué sucede? Rebosa. Cuando haz sido llenada hasta el tope, con el agua viva que es Jesús, comienzas a salpicar esa agua de Jesús por todos lados, y sobre todos tus hijos. Esta es la forma en que yo lo concibo en mi mente: Pienso en como llegarán a ser los niños que han vivido dentro de un hogar saludable. No en un lugar de una perfección inalcanzable, sino en un hogar predominantemente feliz, un lugar seguro donde los errores se perdonan, donde puedes ser tú mismo y confiar que consistentemente habrá aceptación y amor en abundancia. Un lugar donde a veces todo es juego y otras veces es serio. ¿Cómo se sentiría poder darles esa clase de lugar a mis hijos en donde crecer? ¿Qué efecto tendría eso en sus propios hijos? ¿Sus futuros? ¿Los hogares y los futuros que les esperan?

Un hogar con un solo padre de familia no es el camino que yo quería para mis hijos, pero la pregunta más grande sigue siendo la misma: ¿Cómo vamos a vivir ahora? Quiero convertirme en una mujer con una vida transformada, un corazón sano, un alma llena, viva y apasionada. Si esto te sucede a ti, no sólo has cosechado los beneficios personalmente, sino que tus hijos podrán tener un buen comienzo, porque habrán vivido en un lugar en el cual las circunstancias difíciles se convirtieron en una vida realmente fabulosa. ¿Qué fantástica sería esa lección de la vida para ellos? Pienso que serviría para darles herramientas que necesitarán para poder vencer las desilusiones y los fracasos inevitables de la vida. Pienso que entenderían más acerca de tener esperanza. Creo que si vives saludablemente frente a ellos, es posible que se desarrollen como adultos equilibrados y saludables, que multiplican la belleza de la redención de Dios y la comparten con los demás.

Lo que Dios hace por nosotros llena el vacío para que podamos darles esa misma clase de amor abnegado a nuestros hijos, nuestras familias, y nuestros amigos que caminan a nuestro lado. Cuando estoy llena del conocimiento de Dios, limpia a causa de Su perdón, y ando en la gracia que Él me ha dado, entonces realmente soy una madre fantástica. No soy una súper mamá, pero en ese lugar lleno, sé que estoy amando a mis hijos como se supone que los ame.

Cuando estoy llena, no soy una persona endeble en cuanto a mi papel de protectora y proveedora. No les doy importancia a las pequeñeces. Me enfoco en los corazones de mis hijos, y los miro a los ojos, y oigo lo que está dentro de ellos y que está tratando de salir. No refunfuño ni me quejo. Los perdono aun mientras les estoy dando sus consecuencias. Bailo con ellos más y tomo más tiempo al cepillarles el cabello o al ver un truco nuevo que aprendieron en la patineta. Tengo paz porque estoy viviendo del regalo de paz que Dios me ha dado. Yo sé que ellos pueden sentir la diferencia. No estoy vacía y ellos son los beneficiarios.

La gracia de Dios fluye libremente de mi corazón hacia el de ellos. Y estamos mejor. Y la vida es más brillante. Y la esperanza abunda.

DIOS NO ESTÁ ENOJADO CONTIGO. Mucha gente que conozco cree que Dios está perpetuamente enojado con ellos. Así que temen acercarse a «Aquel Iracundo», el cual disfruta dar castigos por cada ofensa. Y como de todas maneras no hay casi nada que pudiesen hacer para complacerlo, ponen a un lado el intercambio que necesitan hacer, porque Dios probablemente está enojado por eso.

Pero ¿enviarías a tu único hijo para que muriese por alguien que sólo te agrada un poco? ¡No! Válgame, sólo lo enviarías a morir por aquellos que no podrías soportar vivir sin ellos por toda la eternidad. Por los que amas con todo tu corazón. Por tus seres queridos. Por tu hijita. Estos son aquellos por los que Dios envió a Su hijo unigénito.

Desde el principio Dios sabía que tú y yo íbamos a necesitar a un Salvador. Él está muy familiarizado con nuestra humanidad y *no está enojado por ella*. Nosotros somos las criaturas y Él es el Creador. Tú necesitas un Salvador. Yo necesito un Salvador. Y hasta el día de hoy, todavía necesito un Salvador para que me perdone mis pecados, me guíe al tomar mi próxima decisión, para criar bien a estos niños y trabajar por medio del poder del Espíritu Santo para así transformarme de la mujer que había sido antes a una mujer que se parezca más a Él.

¿Y qué si es verdad? ¿Qué si Dios en realidad no está enojado? ¿Qué si está esperando tiernamente a que te le acerques? Entonces ven.

Ven vacía; Él te llena hasta que reboses.

Ven con tus problemas; Él ya los conoce y te quiere de todas maneras.

Ven quebrantada; Él es el que sana.

Ven avergonzada, o perdida, o sin esperanzas. Tú necesitas un Salvador y Él nunca le ha enojado el hecho de que fuiste creada para necesitarlo a Él.

UNA MUJER CON UN CORAZÓN REDIMIDO SE FORTALECE, Y ES CAPAZ DE NAVEGAR POR LAS CIRCUNSTANCIAS Y LOS RETOS INEVITABLES QUE TRAE LA VIDA. Yo antes me desmoronaba cada vez que enfrentaba otro de los retos de una madre soltera, me refiero a que lloraba mucho y me sumía en una tristeza profunda y preponderante. No podía respirar bien. Caminaba por la casa de un lado al otro y luego llamaba a unas veinte personas para preguntarles qué creían que debería hacer. En ese entonces, yo era una mujer vacía, todavía corría de aquí para allá, tratando de reconstruir mi vida por mí misma cada vez que otra cosa se derrumbaba. Cuando el corazón está redimido, empiezas a ver lo bueno. Ningún símbolo de status, como una casa grande o un anillo de diamantes, hace que la vida sea buena; pero con un corazón transformado, aun si estás viviendo justo arriba del nivel de pobreza, puedes levantarte cada mañana y decirte a ti misma: «Mi vida es buena».

Dios sólo sigue rellenando y redimiendo, y lo que es asombroso para mí es que uno se pone más fuerte. Justamente, este fin de semana recibí mensajes por teléfono y por correo electrónico que trajeron dificultades para nuestra familia de cinco. Quizá tengamos que ir a la corte. Los próximos meses podrían ser difíciles y costosos. Pero mi alma está llena y estoy en paz. Me acuerdo de todo lo que Dios ya ha hecho por mí. Él lo hará otra vez. Caminaremos por lo que sea que venga y no quedaré muerta del otro lado. Esta mamá ha sido llena por la presencia poderosa de Dios y no va a dar marcha atrás.

• • •

Si hubiese alguna forma de colgar un letrero destellante y fosforescente sobre un capítulo, yo desearía que la editorial lo pudiese hacer para éste. Abrirías el libro y entonces ¡pum!, la verdad redentora ¡ping ping!, llamaría tu atención y cautivaría tu alma. Creo que tú eres una mamá que quiere más. Pienso que deseas la mejor versión que pueda haber de ti, una vida tranquila, hijos maravillosos, risas, satisfacción, una dulce llenura para saborearla.

Eso de vida maravillosa con hijos maravillosos gira alrededor de estas verdades redentoras. Así que este capítulo es la encrucijada, el punto decisivo. Puedes permanecer vacía, has estado así por un buen tiempo ya, o puedes escoger a Dios y Su intercambio divino. La decisión fundamental es tuya.

¿Qué vas a hacer con el vacío que sientes? ¿Qué les sucederá a tus hijos si no cambias?

¿Pero una mamá con un corazón nuevo? ¡Ah! ¿No seria increíble si Dios usase todas las cosas por las que has pasado para que pudieras mejorarte? ¿Y tus hijos durmiesen cada noche en la misma casa con la mujer más *genial* que hayan conocido en su vida?

oye, mamá solitaria

La soledad es la pobreza más terrible.
—Madre Teresa

Dos de mis amigas, que viven en dos ciudades diferentes, me llamaron el mismo día y me dijeron exactamente lo mismo: «Angela, tienes que ir a ver la película... *Y que le gusten los perros*. Es sobre una mujer solitaria que se acaba de divorciar y de todas las cosas ridículas por las que ella pasa con sus hijos y con sus citas. Te vas a reír a carcajadas. ¡Es tan chistosa!» Una de mis amigas me insistió tanto que le escuche decir: «*Prométeme* que vas a ir esta noche y llámame apenas salgas del cine. No aguanto las ganas de saber que piensas acerca de la película».

Así que llamé a mis vecinos, Lisa y Dave, y les dije que me habían dado el mandato de ir a ver una película que nos iba a hacer reír a carcajadas y los invité a que la vieran conmigo. Apenas terminamos de comer, dejamos a todos nuestros hijos en su casa con uno o dos de los mayores a cargo y nos fuimos a ver lo que suponía ser la película más divertida del mundo... para una mujer como yo.

El cine estaba repleto esa noche y estábamos muy agradecidos de haber podido conseguir tres asientos juntos. De hecho, había un asiento vacío a mi lado, y el resto de nuestra hilera estaba llena. Apenas empezó la película, un hombre se abrió paso delante de Lisa y Dave, y prácticamente se dejó caer en la silla junto a mí. Lisa me dio un codazo en el costado y hasta en la oscuridad podía sentir que me estaba mirando, como diciendo: ¡*Oye, allí está un hombre!* Le dije que parara eso. No vine al cine a buscar hombre; vine a reírme, así que empecemos.

No sé si has visto esta película. Si la viste, quizá pensaste que fue lo más chistoso que hayas visto en la vida. Pero honestamente, no se la puedo recomendar a ninguna de las madres solteras que conozco. Yo había llegado para una película romántica y alegre. Y a lo mejor *sí* fue divertida. Escuché a todos los demás en el cine riéndose a carcajadas. Yo hasta me reí un par de veces, pero en realidad esa película resultó ser bien dura para mí.

Hay una escena en donde Diane Lane, actuando como Sarah Nolan, el personaje principal, está en su cocina vacía. Está con su ropa arrugada, sin maquillaje, con el cabello despeinado y está parada contra la estufa, tomando una taza de café. Está viva y saludable, pero obviamente tan sola y deprimida. La música de fondo que ponen para esta escena tan triste es una canción que fue una gran éxito en los setenta titulada: «Hey there, lonely girl» [Oye, muchacha solitaria]. Todos quedaron que se morían de la risa. Yo los podía oír riéndose por la música y por el momento. Y en mi mente yo sabía que era chistoso, pero se parecía tanto a mi situación que todo lo que pude hacer fue llorar. Y me refiero a la clase de llanto que dice: Aguántatelo para que no te oigan.

Para cuando terminó, yo estaba en un pozo. Esta película se trataba de una mujer solitaria que no tenía hijos. Yo estaba regresando a casa para estar con mis cuatro tesoros, pensando: *Es chistoso si no eres esa persona. Y sólo multiplica el dolor de la soledad, si eres una madre soltera*. Meses después de eso yo cantaba a toda voz: «Hey there, lonely girl», tratando de hacerme reír a mí misma, pero la soledad sencillamente no es tan chistosa.

• • •

No creo que los demás piensen que las madres solteras se sientan así tan solitarias. Tenemos hijos que viven con nosotras, cuyas mentes brillantes siempre idean un millón de cosas para que las hagamos por ellos. Y piensan: las madres solteras están tan ridículamente ocupadas, ¿así que cómo podrían sentirse tan solitarias? Nosotras equilibramos y realizamos más tareas al mismo tiempo que ningún ser humano en su sano juicio debería hacer. Pero a lo mejor eso en sí es parte del problema. Cuando estás sosteniendo al mundo entero por ti sola, quedas fatigada. Todos suponen que puedes ser fuerte porque estás haciéndolo todo, pero nadie *quiere* ser tan fuerte así. Y a la verdad, nadie tiene que serlo. Eventualmente la fatiga se vuelve abrumadora, y estar cansada sólo te hace sentir más solitaria.

La soledad, más que nada, ha sido la lucha más grande que he tenido durante estos años. He tenido muchísimas luchas sumamente difíciles, pero la soledad ha sido el hilo que se ha entretejido por todos lados. Honestamente, no pasa ni un día en que mi corazón no añore poder compartirlo con alguien, aun durante los días más locos, productivos y extraordinarios. Dios nos creó a todos para darnos compañerismo, un compañerismo saludable, amoroso y alentador. Y la persona que trata de vivir como si eso no fuese cierto, sólo está pretendiendo.

Algunas personas actúan como si no necesitaran a nadie. Yo pienso que es una fachada, una técnica de distanciamiento para mantener fuera al dolor. Yo actuaba así antes cuando tenía miedo de sufrir más. Después de haber sido herida en las relaciones, más de lo que se puede contar, una empieza a decirse que es mejor estar sola. Claro que estar solitaria es un millón de veces mejor que estar sola y vivir en sufrimiento. Pero la pura soledad todavía es terrible. A mí me gustaría vivir sin ella por unos cuantos años.

Hoy es un día típico para mí. Me levanté a las cinco y media de la mañana para preparar a mis hijos para ir a la escuela. Desayuné. Llevé a los niños a la escuela. Regresé a casa rapidito para meter otra tanda en la lavadora. Pasé una hora en el gimnasio. Corrí al almacén Target para hacer las compras de los lunes por la mañana y reabastecernos de leche, pan y otros comestibles regulares. Regresé a la casa para trabajar en la computadora a las diez. Es un buen día. De lo que sepa, nadie está enojado conmigo, mis hijos están bien y yo estoy sentada en mi pequeña oficina escribiendo cuanto se me antoje. Para el almuerzo me comí una ensalada saludable hecha en casa, contesté todos mis correos electrónicos, y ya doblé la tanda de toallas que había metido. Es una vida buena, muy buena, y es un día bueno, muy bueno. Pero por debajo de cada cosa maravillosa que me está pasando, tengo un anhelo continuo y extraño de que necesito más. Es una soledad que viene por ser madre soltera en un mundo de parejas. Una mujer soltera en una familia de cinco.

Algunas veces veo a la soledad venir, y trato de cerrarle el paso. Así sucedió hace unos meses atrás cuando Lisa me invitó a un nuevo grupo que iban a empezar a formar en su casa. Lisa y su esposo Dave son unos de mis mejores amigos. Los quiero mucho y sé que ellos me quieren mucho también. El grupo iba a estar compuesto de unas cuantas parejas de la iglesia. Planeaban reunirse una vez a la semana para compartir comida y compañerismo, y decidieron estudiar algunos libros que me encantan. Realmente me gustaba la gente que iba a asistir, y sabía que me darían la bienvenida con los brazos abiertos. Y la mayoría de las veces me gusta estar con otras familias y amigos que están casados, pero eso de comprometerme a unirme a un grupo de parejas realmente me hizo sentir solitaria. Yo sabía que si asistía, probablemente no iba a poder compartir y ser honesta. El sólo hecho de hablar sobre ello con Lisa me dio ganas de llorar.

«Angela, esto no va a ser cosa de gente casada, va a ser más como un círculo de lectores, con discusiones fabulosas. Te va a encantar».

«Yo sé que me gustaría mucho estar con ustedes, pero todos estarían allí con sus relaciones matrimoniales saludables, y entonces estaría yo. Trataría de esconder mi soledad para que no me tuviesen lástima. Me pondría animada, intelectual y divertida, para que nadie del grupo se dé cuenta de lo mucho que me duele estar sola. Pero entonces caminaría hasta mi casa llorando a gritos. No creo que pueda hacerme eso a mí misma, semana tras semana».

«Te estás comportando como una bebita».

«Lo sé, pero no puedo ir».

Algunas veces sí me siento como una bebita. Quejumbrosa, emocional, propensa a llorar, tratando de no dejar que la onda de la soledad salga a relucir y le arruine el día a otra persona. Estoy segura de que las personas en mi vida ya se han acostumbrado. Quiero decir, pues, que he estado cantando la misma canción por años ya. Y todos mis amigos han ido más allá del concepto racional de amistad y compasión. Ellos se quedan y me escuchan, no importa qué. Pero estoy tan cansada de la soledad. Realmente me gustaría echar hacia adelante o pretender que todo pasó ya, o *cualquier cosa* excepto admitir, ¡caramba!, que todavía estoy luchando con la soledad. Y si yo estoy cansada de sentirme solitaria, me imagino que ellos también están cansados de escuchármelo decir.

Algunas veces la soledad tiene una manera de aparecerse de sorpresa. Para mí, las cosas más extrañas pueden hacerme sentir solitaria en mi deseo de amar y de vivir una vida maravillosa. Como cuando llevo a mis hijos a jugar al mini golf. Estaríamos pasando un buen rato, cuando de repente veo a un papá abrazando a una mamá por un largo rato, y sentiría esa cosa que uno siente por dentro. Ese sentimiento como que uno se está hundiendo. O nos bajaríamos del auto para ver un partido de béisbol y caminaríamos hacia las gradas como familia, y estaría bien orgullosa de estar con mis hijos. Pero entonces siento esa «cosa» cuando veo a otras familias venir, con papás.

A veces me siento solitaria porque estoy físicamente sola, como cuando mis hijos están con su papá o cuando estoy en otra habitación vacía de un hotel que se parece exactamente a la anterior. Pero algunas veces me siento sola porque no existe otra persona adulta con quien compartir lo que tengo dentro de mi corazón.

Nadie con quien soñar acerca de remodelar la cocina. Nadie que me abrace después de poner a mis hijos a dormir. Nadie quien me susurre al oído: «Estoy aquí», al oír un ruido durante la noche.

Me imagino que tú también tienes miles de versiones propias acerca de la soledad, así que, oye muchacha solitaria, ¿qué vamos a hacer al respecto? ¿Cómo vamos a vivir con la soledad entretejida en cada día y todavía salir en busca de una vida maravillosa? Aquí presento algunas de mis ideas. He decidido que tengo que admitir que la soledad es verdadera, pero no tengo que ser esclava de ella.

Integridad solitaria

Después de haber sufrido algunos periodos fuertes de soledad, he llegado a entender el por qué una mujer normalmente racional, inteligente y moral haría algo estúpido. Yo creo que ahora sí lo entiendo realmente. Ahora entiendo por qué las mujeres *piensan* que están lo suficientemente desesperadas como para hacer cosas increíblemente tontas. Toman un avión para irse a encontrar con un hombre que acaban de «conocer» por la Internet, empiezan a beber en la oscuridad para cubrir el dolor, deciden probar los juegos de azar, compran cosas sin tener el dinero suficiente, se ponen a ver cosas que nunca antes verían, y un sinnúmero de otros comportamientos inmorales, ilícitos y vergonzosos. Se convierten en mujeres que no son, sólo para poder sentir cualquier otra cosa que no sea dolor. Estas mujeres están escogiendo de su vacío. Y cuando estás desesperadamente sola y vacía, harías casi cualquier cosa para hacer que ese sentimiento desaparezca.

Aquí es dónde tú y yo tenemos que ser honestas. La verdad es que *nosotras* podríamos llegar a ser una de estas mujeres. Ninguna de nosotras está por encima del hecho de que podríamos escoger de la soledad. *Muy fácilmente* podría convertirme en una mujer insensata si no prestara atención. Tengo la absoluta determinación de que no voy a sucumbir a escoger del vacío, pero sería una locura no darme cuenta que me podría pasar a mí. Quizás tu y yo podríamos quedar desesperadamente solitarias, y quizá sea uno de los dolores emocionales mas terribles que jamás hayamos experimentado; pero por encima de todo y no importa lo que suceda o nunca llegue a suceder, tenemos que tomar la decisión de vivir con integridad. Tenemos que escoger la integridad para que podamos vivir de manera honorable, y tenemos que escoger integridad por nuestros hijos.

Sé exactamente lo que te estoy pidiendo que hagas. Soy una madre soltera de cuarenta y tres años de edad que cada día está tratando de vivir con integridad. Muchas veces es bien fácil. Somos mujeres adultas, maduras e inteligentes. La mayoría de nosotras no tomamos malas decisiones adrede. Además, para ahora ya hemos visto suficientes de las consecuencias que traen las malas decisiones y realmente nadie quiere más consecuencias. Pero a veces escoger integridad significa que la soledad se intensifica.

Sé que esto va a sonar como una locura, pero soy un imán para los hombres casados. Yo, una madre soltera con cuatro hijos. Es sorprendente, lo sé, pero es verdad, al menos es lo suficientemente cierto como para ser chistoso. El avión es prácticamente el único lugar donde he podido conocer a diferentes hombres, y no creo que alguna vez haya llegado a conocer a un hombre soltero que tenga la edad suficiente como para poder salir en una cita. Sólo hombres casados que en la mayor parte están yendo a reuniones. Y la parte ridícula es que muchos de estos hombres casados me envían correos electrónicos por medio de mi sitio Web. Mayormente sólo son mensajes que dicen: «fue un gusto conocerte» y mi asistente los recibe antes que yo. Ella se ríe de mí, el imán para los hombres casados, me deja leer los mensajes también y luego los borra. Nunca les contesto. Nunca. Pero si alguna vez estuviese tentada a responder, sería cuando me estuviese sintiendo sola.

Cuando estoy cansada, tengo la tendencia a sentirme sola.

Cuando estoy abrumada o estresada, caigo fácilmente en la soledad.

Cuando me siento decepcionada o rechazada, puedo sentirme triste y sola.

Soy sólo una mujer que puede caer, como cualquier otra persona, pero debo subir a un nivel más alto, debo estar consciente de mis debilidades y debo hacer lo que sea necesario para vivir de la manera correcta.

¿Cuándo es que te sientes más sola? Varios años atrás, me di cuenta que lidio con mis días bastante bien. Soy una persona a la cual le gusta levantarse temprano. Mi gran energía me saca de la cama y me da las fuerzas que necesito. La soledad me da unas punzadas de vez en cuando, pero realmente no puede apoderarse de mí durante el día. Estoy ocupada, me siento productiva, estoy demostrándoles amor a mis hijos, administrando nuestro hogar, y quedándome fuera de problemas emocionales la mayor parte del tiempo. Pero la noche es una historia diferente. Si he de sentirme triste o preocupada, es muy seguro que seria después de haber puesto los niños en la cama para dormir. La vieja soledad me haría compañía y junto con la fatiga, me haría sentir desesperadamente vacía y sola.

Empecé a hablar con otras mujeres, y para la mayoría de ellas, la parte mas difícil del día también era por las noches, entre las nueve y las once de la noche. Resulta ser que cada vez que tomaban una mala decisión o hacían algo basadas en el vacío que sentían, era al final del día cuando tenían poca energía o su fuerza de voluntad estaba socavada. Yo sabía que no era diferente a estas mujeres honestas, así que tenía que hacer *algo* para evitar tomar las mismas decisiones.

Decidí empezar a dormir temprano. Yo quería creer que nunca iba a ceder a la «tentación del vacío», pero tampoco quería ponerme una meta que jamás podría lograr. Así que decidí sencillamente cortar esas horas de mi día.

Mis vecinos piensan que estoy loca, pero también saben que no deben llamarme por teléfono después de las nueve de la noche. Pocos minutos después de esa hora, me he tomado una píldora de Tylenol PM, he puesto los niños a dormir, les he rascado las espaldas, les he dado cariñitos y me he quedado dormida pacíficamente. Es increíble lo que el irse a dormir temprano hizo para esta muchacha solitaria. Algunas veces la soledad aun está presente, pero no me hostiga por las noches, no juega con mi debilidad y no me tienta a tomar malas decisiones. Quizás algún día tendré una razón para quedarme despierta durante la noche, pero por ahora la mejor forma de «eludir» la soledad, es tan sólo irme a dormir.

Lisa me llamó la otra noche cuando los niños no estaban y me preguntó: «¿Qué estás haciendo?»

Y le dije: «Nada más aquí sola con mi dichosa integridad».

«Ay, deja de decir eso», me dijo ella riéndose. «Agarra tu integridad y vete a dormir».

¿Qué es lo que necesitas hacer para evitar la tentación que viene durante la soledad? ¿Irte a dormir temprano? ¿Jamás viajar sola? ¿Darle acceso continuo al historial de tu computadora a otra persona? ¿Cortar tus tarjetas de crédito? ¿Pasar la noche con una amiga cuando tus hijos están fuera de casa?

La respuesta será distinta para cada una de nosotras, pero cualquiera que sea la tuya, te pido que no tomes *ninguna* decisión basada en tu soledad. No busques tener una relación sólo porque te sientes sola. No cedas a tu vacío y no empieces a racionalizar una conducta deshonesta o inmoral. Y no te vayas en el auto a lugares donde no deberías ir, sólo porque te sientes sola en casa con toda esa integridad. Pon tu mente por encima del reproche y ten la determinación de hacer cualquiera cosa para vivir con fortaleza.

Felicitemos a las madres solteras sin pecados secretos y sin consecuencias estúpidas. ¿Quién necesita algo más de qué preocuparse? Ya tenemos suficiente como estamos.

Lecciones de una madre solitaria

LA SOLEDAD NO TE PUEDE MATAR. Sé que se siente como si fueras a morir, pero nosotras sobreviviremos a esta situación. Claro está que la soledad multiplica las lágrimas. La soledad hasta puede robarte la esperanza y hacer que *pienses* que nada bueno va a llegar, pero no te puede matar. Ya la mitad de nosotras estaríamos muertas si fuese así.

DIOS TE VE. Unos cuantos años atrás, una iglesia en Misisipí me invitó a hablar en la conferencia de mujeres que iban a tener durante el fin de semana del día de San Valentín. Yo acepté y luego mi equipo administrativo me llamó pocos días después para decirme: «Angela, ¿estás segura de que quieres viajar durante ese fin de semana? Es el Día de San Valentín, ¿no quieres quedarte en casa?»

Yo les dije: «Mis hijos van a estar con su papá, ¿qué es lo que me queda hacer? Vamos».

Esa semana eventualmente llegó y viajé a Misisipí para hablar el viernes por la noche y luego el sábado por la mañana, el cual era el día de San Valentín. Fue una conferencia fabulosa y las mujeres se lucieron con el tema. Hubo rosas, corazones y chocolates por todas partes. La noche del viernes fue fantástica y yo estaba entusiasmada sobre lo que iba a pasar en la mañana del sábado. La idea era que las mujeres salieran por la mañana y regresaran a sus casas para estar con sus seres queridos, reservando la noche del sábado para una cena romántica especial y un baile de salón, y todas las cosas que la gente hace cuando está enamorada.

El sábado por la mañana me levanté temprano para arreglarme el cabello y así estar presentable para las damas, ponerme mi vestido de lana con unas botas bien lindas, y empacar mi equipaje para salir de viaje en la tarde. Ni preocuparse de que una tormenta terrible cayó por la noche. Para cuando logré sacarme a mí y a mis maletas afuera adonde me estaba esperando la persona que me vino a recoger, yo estaba hecha un desastre. Todo el empeño que puse en arreglarme el cabello y me quedó pegado a la cabeza. Y la lana mojada huele mal.

Me acuerdo haber pensado: Esta no es la forma en que quería empezar el día.

Llegamos a la iglesia y era el día de San Valentín, así que toda la mañana tenía un poco más de energía. Una de las cosas más fabulosas fue poder hablarles a las mujeres acerca del amor de Dios en el mismo día en que todo el mundo quiere ser amado. Les dije que Dios las llama hermosas y que es tiempo de vivir como si esto fuese verdad.

Pero a pesar de mis carcajadas y mi entusiasmo, había un vacío en mi interior, esta cosa pequeña que me daba punzadas de vez en cuando. Verás, nadie me había metido notas cariñosas en mis maletas, no me enviaron flores a mi habitación, ni dulces que tuvieran forma de corazón, ni una caja de chocolates.

Cada vez que teníamos un tiempo libre, yo chequeaba mi teléfono celular. Ni una llamada, ni un mensaje. Y pensé: Al menos uno de esos chiquillos hubiese podido llamar para decirme que querían mucho a su mamá. Nada. Y esa cosa pequeña me daba punzadas en la costilla otra vez, recordándome que estaba sola.

Al final de la conferencia, les di un abrazo a todas las mujeres y subí al auto para que me llevasen al aeropuerto de Jackson. La tormenta estaba implacable, así que manejamos a través del viento y la lluvia por todo el camino. Yo iba a tomar un avión hasta Atlanta para llegar a otra ciudad para asistir a otra reunión en otro hotel. Usualmente hay un túnel de abordaje desde el aeropuerto hacia el avión, pero esa tarde no fue así. La azafata le dio un paraguas grande a cada uno de los pasajeros para caminar hacia el avión, pero no ayudó en lo absoluto. El viento y la lluvia estaban soplando de medio lado y estaba empapada al llegar a mi asiento. Cuando estás sentada en un avión, un sábado por la noche, en el día de San Valentín, completamente empapada, con un vestido de lana maloliente, la soledad se convierte rápidamente en mal humor.

Finalmente llegué a Atlanta un par de horas tarde, y al ponerme la bolsa en mi espalda y caminar hacia el próximo avión, le pedí a Dios en oración: *Ayúdame a que pueda sobrepasar esta noche y llegar hasta mañana, porque mañana ya no va a ser el día de San Valentín, y voy a poder respirar nuevamente.* Acabábamos de tener un día maravilloso en la conferencia, pero yo estaba supercansada y mustia, y me sentía completamente sola. Me arrastré deprimida hacia la puerta de embarque, con la sensación de que nadie me quería y sintiéndome lo más desapercibida que una mujer se pudiera sentir.

Entonces, vi de reojo a uno de los hombres más guapos que jamás haya visto. Debió tener un poco más de setenta años, con el cabello y los ojos oscuros, y vestido inmaculadamente. Era muy distinguido. Así que cuando lo vi a la izquierda, moví mi bolsa hacia el lado derecho, lo más que pude. No quería que oliese mi vestido de lana mojado.

Pero luego sentí que me tocaron la manga. Volteé para ver quien era y allí estaba el hombre guapo.

«¿Sí?», farfullé mientras miraba esos ojos oscuros y románticos.

«Usted es realmente hermosa», me dijo con su pronunciado acento italiano.

Me quedé atónita, pero me escuché decir: «Gracias», mientras él se volteó y se fue.

Mis ojos se llenaron de lágrimas instantáneamente porque yo sabía qué es lo que acababa de suceder. Si ese hombre me hubiese dicho cualquier otra cosa, no hubiese significado lo que significó para mí ese día. Sabía que Dios mismo había caminado por la puerta B. Él me dijo las mismas palabras que les dije a las otras mujeres durante todo el fin de semana: *Eres hermosa.*

Casi empiezo a llorar a gritos, sobrecogida por ese momento tan dulce. ¡Gracias, oh Dios! Tú me ves. Tú realmente, realmente me ves. Gracias por venir esta noche en el día de San Valentín, para decirme que para ti, yo soy hermosa. Y el acento... fue fabuloso.

No sé cómo Dios se te va a aparecer. No sé si alguien cruzará por el pasillo de los productos lácteos en el supermercado, o va a enviarte un correo electrónico, o dejarte unas flores en tu puerta. Quizá Dios te hablará por medio de la Biblia o en lo profundo de tu espíritu a través de la oración. Sólo sé que Él te ve y que Él me ve. El dolor de tu corazón no queda desapercibido. Él nos sostiene a través de nuestra soledad. Y esa noche, saber que Dios me ve, fue suficiente.

ESTAR SOLA ES MEJOR QUE ESTAR SOLA Y EN UNA RELACION MISERABLE. Bien, este es otro sábado por la noche, y estoy sola en casa. Son las siete y media de la noche y estoy en la sala viendo la serie mundial de la NCAA. El equipo de los Tar Heels está ganando, pero no hay nadie aquí para vitorear conmigo, o cantar la canción de lucha, o para usar las camisetas del estado de Carolina. Me siento un poco solitaria al estar sentada aquí sola. Los juegos del equipo de los Tar Heels deberían ser compartidos. Alguien debería estar gritando a mi lado.

¿Pero sabes qué? Nadie me ha insultado en todo el día. No ha habido discusiones ni conflicto. Nadie está enojado conmigo. Cuando el partido se acabe, me voy a ir a acostar en paz y me levantaré feliz e iré a la iglesia. No tengo ni una queja hoy. Solamente es que me siento un poco solitaria.

Pero si puedo escoger, escogeré esta versión de la soledad cada vez. Esta clase de soledad es la que le hace desear que suene el teléfono. Pero soledad y sufrimiento le hace querer tirarse de un puente. Así que nosotras podemos sobrevivir. Un poco de soledad es un millón de veces mejor que soledad con más dolor.

LA SOLEDAD TE PUEDE ENSEÑAR CÓMO AMAR A LAS PERSONAS QUE AMAS. Mis hijos van a regresar a casa esta noche de las vacaciones de dos semanas que tuvieron. Los he extrañado como loca, y es todo lo que puedo hacer para mantenerme quieta y esperar a que lleguen por el garaje. Una vez escuché a una mujer decir: «Yo duermo mejor cuando la casa está llena». Esa soy yo. Me siento mejor cuando ellos están aquí, con sus amigos, y se escucha el portazo de la puerta trasera, y los niños gritando, y la comida está volando. Me hace feliz. Este silencio extremadamente sosegado como el de un hogar de ancianos, me hace sentir solitaria.

Pero las personas que yo amo van a regresar a casa. Así que estoy haciendo cambios en mi calendario. Los próximos días se los dedicaré completamente a ellos. Mirándolos, escuchando sus historias, haciéndoles sus molletes de calabaza favoritos. Llenándoles el refrigerador que está en el garaje con paletas y con bebidas de Powerade. Aun hasta la idea de lavarles la ropa sucia me hace sentir feliz. He despejado el cuarto de la lavandería, así que estoy lista. Ansiosa por amar a las personas que amo. Entusiasmada de poder demostrarles cuán especiales son y cuánto los extrañé.

La soledad tiene un lado positivo. Te puede enseñar a amar si se lo permites.

• • •

Sé que obtener lecciones de la soledad es casi como conseguir la calificación más alta en trigonometría. La clase fue difícil, la tarea tomó un siglo, y ahora dominaste un semestre de fórmulas que, es muy posible que hubieses podido vivir sin ellas por toda la vida. Probablemente sólo hay veinte personas en el mundo que necesitan saber trigonometría. Los demás probablemente nunca volveremos a recitar el teorema de Pitágoras mientras vivamos y estaremos bien. Pero allí estas con la calificación más alta en cosenos y tangentes, aprendiendo cosas que te hacen ser una persona polifacética, interesante, y muy versada en el lenguaje de la ciencia y de las matemáticas.

Pero la soledad es la clase que nadie quiere. Sí, te da varias facetas adicionales. Vivir a través de ella nos convierte en mujeres de gran carácter y fortaleza interna. Les digo a mis amigas que yo no quería tener tanto carácter. Ellas se ríen pero yo lo digo en serio. Yo hubiese estado bien siendo superficial.

Pero aquí estamos, madres solteras con hijos, forzadas de una manera u otra a integrar la clase avanzada de la soledad, y seguras de que hubiésemos podido vivir el resto de nuestras vidas sin toda esta instrucción.

Quizás en algún lugar al recorrer este camino, el examen termine y podremos salirnos de la soledad.

El postgrado del amor *tiene* que ser lo que viene después.

mamá cansada y con sentimientos de culpabilidad

Hace un tiempo atrás leí una frase en uno de esos calendarios que tienen una página para cada día, que decía: «Guarde lo mejor para su familia». De inmediato, arranqué esa motivación del calendario, y la pegué con cinta adhesiva al espejo de mi baño, donde permaneció como por un año. Pero desde ese entonces, la instrucción de guardar lo mejor para mis hijos me ha tocado el corazón, usualmente dándome un toque de inspiración rápidamente seguido de un sentimiento de culpa.

Yo quiero hacerlo. Sueño con el día en que les esté dando a mis hijos lo mejor de mí, y en mi sueño he llevado a toda la familia al lago, una tarde perfecta de verano. Nadamos juntos y jugamos en la orilla, y luego (milagrosamente), tengo preparada una comida deliciosa para un picnic con todos nosotros, más veinte amigos. Quiero ser una Mamá Soñadora, la cual hace todo bien y ama con energía y creatividad inagotables. Quiero amarlos con locura y ser consistente al demostrar mi amor. Pero mucho me temo que en vez de verme como una Madre Increíble, mis hijos sólo me ven cansada.

Anoche me acosté cansada. En realidad, «cansada» es un eufemismo ridículo. Mejor sería decir «totalmente gastada», exhausta, o como dicen en inglés los que son de Carolina del Norte: «Worn slap out» [Abatidamente abofeteada]. El fin de semana pasado tuve un viaje muy difícil durante la noche, el cual me dejó asustada y emocionalmente rendida. Me cancelaron el vuelo, tuve un viaje en taxi a las dos de la madrugada y el conductor se extravió, así que nunca llegue al hotel que me habían asignado. Después de dormir tres horas y luego de otro viaje de regreso retrasado, finalmente regresé a casa al día siguiente y pude estar con mis hijos.

Apenas entré por la puerta, mi hijo Grayson y yo empezamos a trabajar en el proyecto que él necesitaba hacer para la feria de Ciencias. Evaluamos seis diferentes tipos de papel toalla: el valor, la absorbencia y su durabilidad cuando están mojadas. Te voy a ahorrar tiempo para que no tengas que hacer tus propios experimentos calculados y controlados: compra papel toalla marca «Viva». Anoche finalmente estábamos preparando el tablero de presentación, yo no había empacado para mi siguiente viaje de cuatro días que ya se acercaba y la tinta de la impresora se acabó justo cuando estábamos a la mitad de la hipótesis. Te lo puedes imaginar. Yo estaba totalmente agotada. Ya no grito cuando me siento vacía; solamente camino como si fuera una zombi, a punto de ponerme a llorar, luchando contra las ganas de darme por vencida y salir corriendo.

Durante toda la noche, mis hijos me seguían mirando con ojos tristes y venían a darme abrazos ocasionalmente. Sabían que me sentía que ya no daba más, así que estaban caminando de puntillas alrededor de mi corazón. Grayson me dijo como unas diez veces: «Te quiero mucho, mamá». Qué lindo es. Yo los quiero mucho también. Detesto los proyectos para las ferias de Ciencias, pero amo a esos niños, como mi hija decía: «tal y como los niños gordos aman a los pasteles».

Mi amiga Lisa llegó a mi casa como a las siete de la noche para ayudarme a empacar para el viaje. Grayson y yo estábamos buscando más centavos para añadirle a la prueba de durabilidad que tiene el papel toalla cuando está mojado. ¿Quién hubiese sabido que un papel toalla sujetado por encima de un tazón, pudiese aguantar como unos cinco dólares en centavos? Mis hijos pequeños seguían caminando por el cuarto con paquetes de papas fritas y preguntándome qué es lo que íbamos a comer para la cena. Mire a Lisa a través del caos y le dije, tan honestamente como lo había sido en mi vida: «No creo que pueda hacer esto. No voy a poder sobrevivir esta vez». Yo estaba hablando en serio y ella lo sabía.

—Solamente haz lo que sigue, dijo ella.

—No puedo.

—Angela, sí, tú puedes— me dijo firme, pero amorosamente.

Así que me metí a la cocina y preparé unas quesadillas.

Y conduje a la tienda para comprar la tinta de la impresora.

Y regresé a la casa para imprimir la información sobre el experimento científico.

Y seleccioné cuatro días de ropa adulta para una oradora.

Y planché la blusa blanca que combina con todo.

Y metí en cama a las personas que más amo en este mundo, les rasqué la espalda, y oré por cada uno de ellos

Y me lavé los dientes.

Y *no* me lavé la cara ni me puse la crema para las arrugas, sino que me fui directo a la cama, sintiéndome culpable, un poco culpable por tener la cara sucia y sin crema para las arrugas, pero mayormente culpable porque quiero darles a mis hijos lo mejor de mí. Algunas veces pareciera que sólo reciben lo que sobra. Y son demasiados los días que no reciben nada.

• • •

Recientemente lloré al leer estas palabras de un libro titulado *Tu dragón interior*, un libro muy triste que trata acerca de crecer sin papá. El autor, Donald Miller, escribe acerca de su mamá:

> Ella llegó a un punto de agotamiento total. De lunes a viernes mamá trabajaba hasta tarde y muchas veces llegaba a la casa justo a la hora de dormir, y todos estábamos demasiado cansados para actuar como una familia. De algún modo, yo sabía que la razón por la que mamá trabajaba tanto éramos mi hermana y yo. Nunca se me ocurrió atribuir el agotamiento emocional y físico de mi mamá a la falta de un esposo y un padre. Siempre lo atribuí a mi existencia. Confieso que en ciertas ocasiones me pregunté si mi familia estaría mejor sin mí. Crecí creyendo que si nunca hubiera nacido, la vida sería más fácil para mis seres queridos. (Donald Miller y John MacMurray [Grupo Nelson, 2007], p. 43)

Este pasaje es muy parecido a mi vida. Yo estoy tan cansada. Mi final usualmente llega un par de horas antes del final del día. Me arrastro por el pasillo para meter a los niños en cama, agotada y hasta triste de ver que otro día vino y se fue, y que no tengo mas energía. A veces mis hijos me dicen: «Mamá te ves cansada». Me sonrío y farfullo: «Lo estoy, mi cielo». Y ahora me pregunto si piensan que es su culpa.

La verdad es que las cosas por las cuales les refunfuño a mis hijos pudieran ser milagrosamente perfeccionadas y yo *todavía* estaría cansada. Cada uno de mis hijos pudiera llevar su ropa sucia al cuarto de la lavandería, nunca más pegarle al hermano o a la hermana con una toalla enroscada, enjuagar los tazones sucios de cereal antes de meterlos gentilmente en el lavaplatos, hacer las tareas sin tener que recordárselas, y poner el basurero al final del garaje los jueves por la noche. Podrían todos ser los niños perfectos y yo todavía estaría exhausta. Feliz pero agotada. Este sencillamente es el dilema de la madre soltera. Somos todo para todos por un tiempo muy, muy largo. Tiene mucho sentido que una mujer que está administrando el mundo entero se sienta así.

Cuando terminé de leer el libro de Donald y John, aprendí varias cosas, pero encarar mi propio agotamiento personal y el impacto que tiene sobre la maternidad fue una de las cosas con las cuales quise lidiar primero. Así que empecé desde el único lugar donde sé empezar. Empecé a orar acerca de mi cansancio.

No es que no pueda mantener el paso, porque yo puedo. Ya me lo he demostrado a mí misma, a Dios, y a todos los que me conocen. Puedo hacer todo esto cansada si tengo que hacerlo. Pero creo que este nivel de agotamiento continuo podría dejarles a los niños más que una probadita del dolor que siente Donald. Mi agotamiento podría empezar a sentirse como que les están restregando sal en las heridas que ya tienen abiertas. No quiero eso. Más de lo que puedo expresar con palabras, no los quiero herir más. Esto ya ha sido suficientemente difícil para ellos.

Mis lecciones de cansancio

ALGO TIENE QUE CAMBIAR. Este es un capítulo en el cual estoy escribiendo cada palabra en el proceso. No estoy mirando hacia el pasado a las lecciones que obtuve, sino hacia el futuro a lo que aún necesita suceder en mi propia vida. Real y verdaderamente, algo tiene que cambiar. No puedo continuar viviendo a máxima velocidad. Sé que cada vez esto es menos saludable para mí y para los niños.

Cuando me convertí en madre soltera, salí como disparada de un cañón tratando de demostrar que yo podía cuidar de nosotros y trabajar tan duro como cualquier otra persona, siendo la única proveedora. Nunca le dije no a nada y aunque estoy más ocupada, he tomado casi todas las oportunidades que me han llegado. Cada año he tenido el temor de que la clase de trabajo que hago se termine y desaparezca. No tengo ni un contrato de trabajo y ni un cheque que me llegue el primero o el quince de cada mes. No tengo una compañía que me pague la jubilación, ni prestaciones médicas, ni vacaciones pagadas. Sólo me tengo a mí. Me he sentido insegura y a menudo mis decisiones han sido propulsadas por mi inseguridad. Mis decisiones me han dejado sin márgenes. Y estar sin márgenes significa que no tengo tiempo para descansar adecuadamente ni para renovarme, aunque me acueste a dormir a las nueve de la noche.

Me imagino que tú y yo estamos en el mismo lugar. No conozco a ninguna madre soltera que consiga suficiente descanso o renovación. Vivimos como mujeres desaforadas, parte de nosotras demostrando que lo podemos lograr, la otra parte desesperada y sin alternativas.

El otro día un hombre dijo: «Ya no tengo nada que demostrar». Pensé: *Sí, yo tampoco*, pero luego me di cuenta que a la verdad me queda mucho que demostrar. Tengo que criar a cuatro hijos y luego enviarlos a la universidad. Aunque no tomen un curso de postgrado, todavía tengo quince años por delante. Y tengo que continuar dándoles de comer a estas bendiciones, vistiéndolas, y amándolas. Se que no puedo continuar así, saltando de una necesidad a otra. Estoy viviendo en lo ridículo.

Yo creo que Dios me está pidiendo dos cosas: Que tenga fe y que regule mi paso.

UNA FE NUEVA PARA UNA TEMPORADA NUEVA. En casi todas las áreas de mi vida, he basado todas mis decisiones y mis creencias en la verdad acerca de la existencia de Dios. Estoy firmemente convencida de Su perdurable amor por mí y por mis hijos, Su fidelidad para cuidarnos y protegernos. Yo creo en Dios con todo mi ser, pero en esta área de correr de un lado a otro, he estado viviendo como si dudara.

Cuando empecé a orar, me di cuenta de que he confiado en Dios en muchas maneras y por muchas cosas, pero ahora es tiempo de confiar lo suficientemente como para decirle a otros: «No» y «ahora no». Esto es nuevo para mí. Al principio, yo veía cada oportunidad de trabajo como la provisión maravillosa de Dios para mí. Cada vez que mi teléfono sonaba con una oferta de trabajo, bendecía a Dios por haberme dado una manera de proveer. Todavía estoy muy agradecida, pero Dios requiere que tenga fe y que use mi tiempo sabiamente. Soy sólo una mujer con estos cuatro hijos solamente. No puedo perderme su crecimiento y desarrollo porque tengo temor de decir no a cada oportunidad que venga.

Unos cuantos días atrás, regresé de un viaje de dos semanas, en el cual estuve en Sudáfrica. Las conferencias donde hablé estuvieron fabulosas y yo estaba absolutamente segura. Había sido designada para ese momento y para ese trabajo. Pero también decidí que no podía volver allá sin mis hijos. Dejarlos llorando al salir del garaje y yo llorando por todo el camino hacia el aeropuerto, fue uno de los peores momentos que tuve en mi vida como madre. Le prometí a Dios: «No me iré tan lejos ni estaré tanto tiempo fuera sin ellos. Si quieres que viaje de esta manera, tendrás que proveer para todos nosotros».

Durante la segunda conferencia, algunas mujeres me pidieron que regresara para participar en un evento para toda la ciudad de Cape Town el próximo año. Les dije que me encantaría, pero hice la promesa de no viajar tan lejos otra vez sin mis hijos. Si viniera, tendría que traérmelos a todos. Sin titubear ellas me dijeron: «Ah, eso no sería ningún problema. Las finanzas están disponibles. Nos gustaría mucho que trajeras a toda tu familia. Haremos que pasen un buen rato en la playa y organizaremos un safari para cuando termines». Me quedé allí de pie sonriéndole a Dios. Tener una fe nueva significaba dar un paso hacia adelante y confiar en que Él se encargaría de mantenernos juntos.

Hablo acerca de Dios todo el tiempo, pero Él no deja de enseñarme más y más sobre cuán profundo es Su amor y el nuevo nivel de fe en el cual debo crecer.

REGULANDO EL PASO PARA LA MARATÓN. Tengo mucha energía y esto vuelve loca a mi asistente. En la oficina, pienso que estoy haciendo varias cosas a la vez, hablando bien rápido sobre todas las cosas que tenemos que abarcar, dando instrucciones, tomando decisiones, corriendo a través de todo el trabajo del día para así terminar con todo eso y pasar a lo siguiente. Pero Lisa no lo llama haciendo varias cosas a la vez; de broma ella lo llama ADD (Déficit de Atención). No te puedo decir la cantidad de veces que ella me ha dicho: «Deja el ADD y regresa a la tercera cosa que dijiste».

No tengo ADD, pero sí me muevo y pienso rápidamente. Y aunque me quejo algunas veces, obviamente me gusta mi vida de esa manera. Siendo la primogénita, me acuerdo que siempre tenía el temor de que me iba a perder alguna cosa. Creo que aun tengo temor de perderme algo, así que sigo arreglando formas de hacer que todo suceda. Probablemente ya sabes qué es lo que sucede cuando se hacen esa clase de planes: Quedo estresada todo el tiempo. Con mucho que hacer y confiando que el horario salga a la perfección. Empujándome demasiado y tratando de echarme una carrera tras otra, las cuales he inventado yo misma.

Estoy segura de que Dios me está hablando de tomar más tiempo para mí y para mi familia. Más que vivir como una maratón y especialmente ser madre de maratón, debo tomarme más tiempo para conversar sosegadamente, jugar baloncesto, o ver un episodio del programa de televisión *Gilmore Girls* con mi hija Taylor. Tomar un tiempo para tener energía emocional y espiritual aun cuando mi cuerpo piensa que puede continuar.

Mi calendario está completamente lleno por dos años de adelantado. Hoy puedo decirte cuándo es que tendré un tiempo libre el próximo año y qué noche voy a estar disponible para cenar durante la primavera. En el pasado, yo llenaba todo espacio vacío que veía en mi calendario. La mayoría de las veces lo lleno con cosas buenas, como unas vacaciones o un fin de semana con una amiga. Ahora mi promesa personal de maratón es dejar los espacios vacíos en paz. Menos ocupada y más controlada, dejando las márgenes.

A VECES NECESITAS UN LÍMITE. A VECES PUEDES SEGUIR EMPUJANDO. Dos años atrás, al final de mi conferencia en Sudáfrica, mi anfitriona, Cathy, me llamó a un lado.

«Angela, tengo algo que necesito decirte. Hay un libro que pienso que deberías conseguir y un libro de trabajo que me gustaría que completases. Estoy preocupada y creo que deberías hacer esto pronto. El libro se llama *Límites*. ¿Haz escuchado de él?»

Claro que yo sabía acerca del libro de mayor éxito de ventas en cuanto a los límites. Hasta tenía algunas copias en mi estante, pero no estaba segura de por qué Cathy estaba insistiendo tanto en que yo leyera éste.

«Creo que estás empujándote muy duro», dijo ella. «Y tengo el temor de que te vas a quemar si no aprendes a decirle no a la gente. No puedes firmar libros por horas. No puedes hablarle a todo el mundo que quiera hablarte. Necesitas límites para protegerte. Quiero que termines bien, no que te accidentes y te quemes».

Realmente tomé en serio su gentil instrucción mientras empacaba mis cosas para regresar a Estados Unidos ese fin de semana. Yo seguía preguntándome qué serían los límites para mí. Me gusta la gente. Me gusta escuchar sus historias. Me gusta tener niños en mi casa. Me gusta un poco de locura en mi vida ordenada. Decidí seguir reflexionando en su sabiduría y pedirle a Dios que me diera clara dirección.

Dos semanas después, en una reunión de librerías cristianas, así como Dios lo dispuso, me presentaron a los autores de *Límites*, los doctores Henry Cloud y John Townsend. Tan pronto como resultara semieducado de mi parte hacerlo, crucé todas las barreras profesionales y le pedí consejo a John. Le dije acerca de la preocupación de Cathy en cuanto a mis límites y le pedí que me diera su opinión.

Sin saber todos los detalles, él me dijo: «A veces se necesita un límite. Si decir sí le va a causar daño o va a contribuir a un estilo de vida que no es saludable, entonces los límites son esenciales. Si te gusta conocer a las mujeres y no te hace mal seguir adelante, entonces hazlo. Diviértete, pero aprende a reconocer cuando estés cruzando la línea y cuando es tiempo de decir: Me encantaría, pero no puedo».

John realmente me dio la libertad ese día, libertad para decir no cuando decir sí me empujaría más allá de mi salud física y mental. Y libertad para decir sí mientras no sea dañino para mí ni para mis seres amados. Estoy aprendiendo a parar antes de que mi horario se vuelva absurdo, aunque disfrute el trabajo arduo y los días largos llenos de gente, y algunas veces es un cansancio saludable.

CUANDO TRABAJAS DURO, TE CANSAS. Estar cansada no es lo peor que nos puede pasar a cualquiera de nosotras. Mi amiga Louise dice que: «Esta es la forma en que te debes sentir cuando trabajas duro». Administrar la vida y el hogar no es como pasarse un día en el balneario. Te duelen los músculos, te dan dolores de cabeza, la energía física y emocional se acaba y necesitamos recargarnos. Una gran parte de eso está bien. Es nuestra humanidad. Trabajar es bueno y el buen trabajo cansa.

Es el agotamiento no saludable, continuo y excesivo, lo que nos está afectando. Lo que me preocupa es que mis hijos vean una mamá que siempre está cansada. No quiero que al mirar hacia atrás, lo único que recuerden sea que mamá siempre estaba exhausta. Está bien estar cansada, pero también lo es estar descansada, con un poco de tiempo libre y nada que hacer en particular.

Mis lecciones de sentimientos de culpabilidad

Es increíble que para la mayoría de nosotras, los sentimientos de culpabilidad llegan rápidamente después del cansancio. Yo quería que mis hijos crecieran en «el hogar feliz», pero estoy segura de que se siente más como si fuera «el hogar cansado», con una mamá que la mayoría de las veces dice: «Ahora no mi cielo. Quizá lo podamos hacer luego». Claro, no es que solamente me sienta culpable por no poder jugar. Tengo una lista completa que no he escrito de las cosas por las cuales me siento culpable. ¿Pero sabes qué? No tienes que ser madre soltera para tener sentimientos de culpabilidad. Es una condición que tienen las mamás en el mundo entero. Lee estas palabras que escribí hace diez años atrás, cuando yo era una mamá casada:

La carga más pesada que viene de la fantasía de ser una súper mamá es la batalla perpetua contra los sentimientos de culpabilidad. Lucho contra la sensación continua de que podría y debería hacer las cosas mejor. Debería hornear galletas más a menudo, leerles cuentos a los niños todas las noches, crear álbumes de recortes, estar más tiempo en sus aulas escolares y estar disponible para ir a todos sus paseos escolares. Debería orar más, dormir menos, verme mejor, hacer ejercicios, y en lo general, ser más divertida. Cuantas áreas tenga en mi vida, tantas oportunidades hay de sentirme culpable.

La culpabilidad es una gran arma en manos de Satanás. Él la usa para quitarles el gozo a las madres y para empujarlas a «hacer» en vez de «ser». Siento los ataques y me desgarra la vida. Al ver la cocina ahora mismo, veo dos tandas de lavandería en la mesa. Podría sentirme culpable por estar escribiendo durante mis momentos de quietud y pararme a doblar la ropa. Pero entonces «hacer» gana; en lugar de eso, estoy escogiendo mi pasión. (Angela Thomas, *Tender Mercy for a Mother's Soul* [Tierna misericordia para el alma de una madre] Tyndale, 2001, p. 15)

Sólo el ser madre significa que hay que luchar contra los sentimientos de culpabilidad, tal vez exista una versión diferente ahora que estamos solteras, pero de todas maneras viene con el hecho de ser madres.

EXISTE UN SENTIMIENTO DE CULPABILIDAD QUE ES INCORRECTO. El tipo incorrecto de culpabilidad es el que nos empuja a ti y a mí a «hacer». Hacemos fiestas más grandes de cumpleaños y damos mejores regalos, para mí mayormente impulsada por los sentimientos de culpabilidad causados por el divorcio o por ser madre soltera. Y entonces están las varias temporadas de esfuerzo en las cuales subconscientemente trato de demostrar que lo puedo lograr, construir, soñar, o lo que sea. Cuando veo a una madre que se está esforzando, generalmente tiene un semblante un tanto repulsivo. Miro hacia atrás y me avergüenzo de haber sido una mujer «esforzada». La mayoría de las veces era resultado de la culpabilidad de ser una madre soltera. Tú sabes de lo que estoy hablando. Son las cosas que hacemos para que nuestros hijos no pasen vergüenza sólo por tener una madre soltera. Ya tienen que caminar por la entrada de una casa sin padre, mientras que la mayoría de sus amigos corren a un hogar que tiene un hombre realmente maravilloso. Así que nos convencemos de que ellos deberían tener los mejores zapatos para patinetas que podamos encontrar en la Internet, enviados al día siguientes para que sus pies de hogar de madre soltera no tengan que esperar ni un día más. Son puras tonterías pero todas lo hemos hecho, justo antes de sentirnos culpables por habernos excedido.

Un sentimiento de culpabilidad que es incorrecto no es saludable. Te come el almuerzo y te quita el apetito para la cena. Te hace sentir desesperada y perturbada por dentro. Hace que siempre estés buscando algo mejor, cuando, como decía mi abuela: «El mejor lugar del mundo está en tu propio patio trasero».

¿Estás haciendo más? ¿Estás metida en actividades innecesarias o esforzándote por alcanzar algo? ¿Te sientes ansiosa, segura de que tienes que hacer aun *más* para compensar por lo que nunca vas a poder dar? Si es así, entonces probablemente ya sabes que estás viviendo en una espiral descendente. Este tipo de culpabilidad te derriba y te mantiene allí.

EXISTE UN SENTIMIENTO DE CULPABILIDAD QUE ES CORRECTO. El sentimiento de culpabilidad correcto nos inspira a ser madres consistentes y seguras. Todo el tiempo lucho contra el sentimiento de culpabilidad causado por el divorcio y cómo les va a afectar a mis hijos. Lo que le he pedido a Dios que haga con mi descontento es que me haga ser la mejor mujer posible, la mejor versión de mi misma, como un regalo para mis hijos. Si van a tener una mamá soltera, quiero que estén orgullosos de que soy yo. Quiero vivir con integridad y actuar responsablemente para que al menos puedan contar con una persona en este mundo que sea así. Una persona en la que se puede confiar totalmente. Una mujer que alienta en vez de ser una que necesita. Una mujer que es exactamente como mi papá.

Desde que tengo memoria, me he sentido orgullosa de ser la hija de Joe Thomas. De hecho, cuando yo era completamente gansa sin ningún logro o sueño, lo mejor para mí era ser la hija de mi papi. Me encantaba estar dondequiera que él estuviese porque él era divertido y energético. Probablemente no te sorprenderá saber que a él le gustaba narrar cuentos y me fascinaba cuando narraba historias graciosas. No importaba en qué parte de la ciudad yo estaba; apenas una persona se enteraba de que yo era la hija de Joe Thomas, su mirada siempre cambiaba. Esa persona me miraba como si yo tuviese valor. Yo era la hija de un buen hombre. Y ese buen hombre vivió una vida que me dio la mayor seguridad que jamás haya conocido. Y aún lo hace.

Si mi papá me dice que va a estar aquí para recogerme a las cinco de la tarde para llevarme al aeropuerto, estoy absolutamente segura de que va a llegar a las cuatro y cincuenta con una taza de café, esperándome pacientemente a que baje por las escaleras y abra la puerta del garaje. También se estará sonriendo, porque de lo que me acuerde, él siempre está feliz. Y hablaríamos acerca de hoy y del futuro con optimismo y esperanza, y con gran fe en Dios. De acuerdo a mi papá, yo puedo hacer cualquier cosa. Nunca me ha dado por no creerle.

Quizás el divorcio haya sido bueno para mí. A lo mejor la culpabilidad correcta encendió un fuego bajo mi deseo de «un día me gustaría ser así» y me forzó a empezar a ser esa clase de mujer ahora. ¿Qué tal si mis hijos estuviesen orgullosos sólo porque soy su mamá? ¿Qué tal si les diera seguridad sin igual porque me he esforzado en ser la mejor versión de mi misma? ¿Qué si ser una buena mujer importa más que nada y es el regalo más excelente que les podríamos dar a nuestros hijos?

Si la culpabilidad puede hacer eso, entonces creo que es el mejor uso que le podemos dar a una condición con la que tendremos que vivir de todas formas.

• • •

Yo soy una mamá cansada y con sentimientos de culpabilidad. ¿Pero qué hay de nuevo con eso? Estar cansada y oír a la culpabilidad pasar silbando por mi cabeza vino con la bolsa de pañales. Todas hemos estado luchando esta batalla privada desde que alguien nos dijo: «¡Felicidades! Eres una mamá». De hecho, cada mamá que alguna vez haya preparado un bol de Rice Krispy Treats, probablemente se sienta cansada y con sentimientos de culpabilidad. ¿Quién hubiese sabido que sería tan difícil o que duraría tanto tiempo? Ninguna de nosotras hubiese podido saber que la vida de una madre soltera haría que cada situación dificultosa que conlleva el ser madre, fuese aun más grande. Tal vez estemos de acuerdo de que probablemente fue mejor que *no* supiésemos entonces lo que estaba por venir. Y quizá lo mejor que podemos hacer ahora es aceptarlo.

Se le recuerda a Amy Carmichael por muchas de sus maravillosas enseñanzas, pero algunas de ellas son las palabras: «En la aceptación está la paz». Cuan brillantes y hermosas palabras acerca del descanso. Amy, una vez conocida como la «Rescatadora de niños de la India», fue madre de miles de niños huérfanos durante sus años de misionera. Para mi tiene sentido que esas palabras tan profundas nacieran del corazón de una mujer que fue madre de tantos. Estoy aprendiendo a aceptar lo que es, añadir a eso todo lo que puedo hacer, y luego aceptar lo que ha llegado a ser: Aceptar el *buen* cansancio que viene del buen trabajo. Aprender a refrenar el cansancio *agotador* que es el resultado de correr sin controlar el tiempo y la falta de fe en Dios quien me sostiene. Aceptar que el trabajo duro vino junto con los sueños de lo que siempre anhelábamos que fuera. Aceptar a mis hijos y todas las maneras en que son sorprendentemente diferentes a lo que yo esperaba que fuesen.

Todavía me preocupa que mis hijos sólo se acuerden de mí cuando me arrastraba al final del día, con ojos vidriosos, y solamente asintiendo con la cabeza mientras me contaban sus historias tarde en la noche. ¿Pero qué es lo que puedo hacer? ¿Dejar de cuidarlos? Eso no puede suceder.

Así que probablemente se acuerden que yo estaba cansada algunas veces. Pero ellos van a estar bien. Y algún día, cuando yo esté en el hogar de ancianos, tal vez se acuerden de lo duro que trabajé para cuidar de ellos y se sientan lo suficientemente culpables como para venir a visitar a su madre anciana, la que tiene agallas. Y sólo quizá me traigan algunas galletas extra, de las que venden las niñas exploradoras que tienen sabor a menta, cuando todo lo que yo pueda hacer es sonreír y preguntarles quienes son.

Al final de cada día, me pregunto, de acuerdo a las circunstancias y los recursos y mi energía: ¿Hice todo lo que pude? Si la respuesta honesta es si, entonces he aprendido a aceptar cómo han resultado ser las cosas.

Justo después de aceptar aquello por lo cual no puedo hacer nada, volteo mi cuerpo cansado y me voy a dormir, y me olvido acerca de mis sentimientos de culpabilidad.

En la aceptación, las madres solteras cansadas y con sentimientos de culpabilidad pueden dormir en paz.

5

mamá que hace las veces de padre y madre

Conozco a muchas madres solteras que tienen relaciones parentales de ensueño con los padres de sus hijos. Y estoy segura de que me quedo casi boquiabierta al verlos interactuar en la escuela o en el campo de juegos. Esa clase de padres hablan uno al lado del otro durante los eventos, comunicándose calmadamente en cuanto a decisiones con respecto a sus hijos. Se apoyan mutuamente y ajustan sus horarios para cubrir las emergencias. Van juntos a las fiestas y comen juntos ocasionalmente. Están unidos en lo que se refiere a la disciplina y a las recompensas. Se comportan como adultos y hacen lo que sea necesario para evitar que los niños se sientan ridículamente desgarrados entre mamá y papá.

No tengo ni la menor idea de cómo es eso. Desearía poder escribir un capítulo sobre relaciones parentales, pero no puedo. Estoy descalificada. (Te puedo referir a un sitio en la Web que habla sobre relaciones parentales. Mi amiga Tammy Bennett está haciendo un fabuloso trabajo enseñándoles a los padres divorciados cómo criar juntos a sus hijos. El sitio Web es: www.christiancoparenting.com.) Aquí estamos, después de tantos años y todavía me duele el estómago cada vez que hablamos. La palabra «difícil» ni siquiera describe cómo es en realidad. Así que voy a escribir acerca de cómo criarlos sola. Pero como dije anteriormente, estoy absolutamente segura de que esta no es la forma en que deberían ser las cosas. Todo esto es asqueroso. Los adultos deberían comportarse como personas adultas. Los niños no deberían sentirse divididos y agotados por el drama subyacente que existe entre sus padres.

Si papá está en el planeta, las madres no deberíamos cargar con todas las responsabilidades, decisiones, y futuros de nuestros hijos. Pero para muchas de nosotras, hasta para aquellas que tienen buenas relaciones con sus ex esposos, criar a nuestros hijos solas es una gran parte de nuestra jornada. Así que podemos quejarnos o podemos convertirnos en madres increíbles, criando solas a nuestros hijos de la mejor manera que podamos. Desde el principio supe que yo haría cualquier cosa para darles la mejor vida posible a mis hijos basada en nuestras circunstancias en particular. Solamente que no sabía desde el principio cuán difícil puede ser el criar a los hijos sola. O cuán perdida y solitaria una se puede sentir sin tener a nadie con quien hablar o en quien apoyarse.

Cuando mis amigas que son madres casadas se cansan de lidiar con sus hijos, cuando el «papá» llega a la casa, ellas pueden decirle: «Te toca a ti; ya no puedo más». Pero cuando se es madre soltera, no hay nadie que venga a casa para tomar el turno. No hay nadie a quien contarle las ideas, nadie para apoyarte o para reafirmar las decisiones que haz tomado. Nadie que esté contigo a través de las decisiones difíciles y susurre: «Sé que estás agotada. Yo voy a lidiar con esto».

Soy yo sola. Y por ahora estoy bien segura de que nadie va a venir a casa para rescatarme. Me guste o no, yo soy la que tiene que hacerlo. Y en cuanto a criar a mis hijos sola, he resuelto dar todo lo que esta mujer puede dar. Me doy cuenta de que suena bien grande decir que he resuelto dar todo lo que una mujer puede dar. Estoy haciendo promesas enormes a mí y mis hijos. Tú tienes que saber que en mi corazón, lo digo en serio. Voy a hacer lo que tenga que hacer para criarlos bien. En mi mente, estoy resuelta. Pero las realidades de criarlos sola son verdades que se tienen que tomar en cuenta.

Durante todo el día, sólo soy un cuerpo humano. Quedo cansada, realmente, realmente cansada, al igual que tú. Algunas veces apenas puedo mantener mis ojos abiertos cuando estamos cenando, mucho peor cuando estamos viendo un programa de dos horas de *American Idol* (ídolo americano) que se acaba a las diez de la noche. «Mamá por favor, mira este programa de televisión con nosotros», me suplican. Otros días quiero cocinar y *planeo* cocinar, pero suena el teléfono y los correos electrónicos se multiplican, y cuando ves, los niños están en la cocina buscando una cena milagrosa. Son las siete de la noche y le digo que se pongan los zapatos. Vamos a tener que ir al restaurante Mexcal otra vez. Chips y fajitas en vez de pan de carne. Yo siempre quiero cumplir, pero muchas veces no lo hago.

Y entonces está el disciplinar a los niños, lo cual produce un desgaste emocional al corazón. Estoy cansada de ser la persona mala que otorga los castigos o ser bondadosa y misericordiosa, cuando realmente quiero darles de nalgadas. Corrigiéndoles el carácter creativamente, redirigiendo sus inclinaciones, y escogiendo ser paciente cuando estoy vacía y preferiría gritar.

Así que he decidido hacer lo mejor que pueda en mi cuerpo de una mujer con dos manos, y luego recibir la misericordia que Dios ha prometido cuando me siento débil.

Cuando estás criando a cuatro hijos, siempre hay algo más que podría o debería haberse hecho. Yo pudiera haber sostenido a AnnaGrace en mis brazos por más tiempo después que tuvo una pesadilla. Debí haber ido al paseo escolar cuando fueron a la finca lechera de los Williams. Yo pudiese/debiese haber hecho muchas cosas de una manera diferente, o mejor, o sin reservas. Pero no puedo hacerlo todo ni hacerlo bien todas las veces. Nadie puede.

Así que, ¿qué si sólo nos proponemos a tomar las mejores decisiones que podamos solas? Cada vez que podamos, debemos estar disponibles, estar allí, esperar e ir. Cada vez que podamos, debemos desear ser una madre fabulosa. Debemos dar todo lo que Dios desea que demos. Y después, ¿qué si descansamos en la realidad de nuestra humanidad?

Como madres solteras, probablemente vamos a dudar de nosotras mismas y de nuestras habilidades hasta que nuestros hijos crezcan. Y vamos a llorar a decir no más con nuestros ojos de mujeres viejas, cuando nuestros hijos, ya siendo adultos, necesiten años de terapia para ayudarles a procesar todas las formas en que fallamos.

Pero de todas maneras debemos intentarlo. Estos son los años que cuentan. Estos son los días de gracia o de dolor. Si nos vamos a unir por alguna cosa, deberíamos unirnos para este propósito.

Podemos criarlos solas si tenemos que hacerlo. Y podemos hacerlo muy bien, no perfectamente, pero lo suficientemente bien como para que estos pequeñitos crezcan fuertes.

Y esos niños, esos tontuelos, con ojos grandes y dulces, les pertenecen a Dios, el Dios que no está ni un poco sorprendido de que los estemos criando solas. Ellos van a estar bien porque son Suyos, y nosotros nos hemos puesto de rodillas y se los hemos confiado al cuidado fiel de su Padre. Aquel que es llamado Amor Perfecto, será su protección y su guía.

Cada noche cierro mis ojos y hablo acerca de mi necesidad:

Oh Dios, ellos son Tuyos. Por favor cubre mi forma imperfecta de criarlos con Tu misericordia. Vierte el cielo sobre sus vidas. Envía ángeles para guiarlos cuando los he dirigido equivocadamente. Protege sus cuerpos y sus mentes. Cúbrelos con la sangre de Jesús y apártalos porque son Tuyos.

Recuerdo cuando la gente me preguntaba: «¿Pero y qué de los niños?» Lo único que sabía decir en ese entonces y lo único que todavía sé es que mis hijos le pertenecen a Dios. Eran Suyos antes que vinieran a mí. Tus hijos también le pertenecen a Dios.

Quizás nunca le hayas pedido a Dios que cubra tu manera imperfecta de criarlos con Su misericordia. Pero Él puede hacerlo y lo hará cuando oramos. Tú también lo puedes hacer. Quizá hoy sea un gran día para empezar.

Mis lecciones de criar a los hijos sola

HAZ LO MEJOR QUE PUEDAS CON SU PAPÁ. Por el bien de los niños, determina cuáles son las mejores y más saludables formas de interactuar con el papá de tus hijos. Este hombre es el padre de tus hijos. Ellos quieren amarlo y tú tienes la responsabilidad de estimular y facilitar un amor saludable. No impidas ni dañes su relación.

Si tus hijos regresan a casa después de haber pasado un fin de semana con su papá y te dicen cosas que hace que quieras morderte la lengua, no tienes que quedarte callada por temor a decir algo que pueda ser percibido negativamente. Un consejero muy sabio dijo una vez: «Tienes que hablar acerca de los malos comportamientos y actitudes y decir que son malos. No tienes que reñir o degradar, pero tienes la responsabilidad de corregir una impresión engañosa que los niños se pudieran estar formando». Trátalo al igual que lo harías si tus hijos regresaran después de haber pasado una noche en casa de un amigo y te dijeran que el amigo no dijo la verdad, o que hizo una promesa y no la cumplió. A lo mejor le dirías: «Bueno, ¿cómo te sentiste cuando te trató de esa manera?» «¿Entiendes que la verdad es importante y que cuando das tu palabra, debes guardarla? No quiero que imites a tu amigo porque estas cosas en cuánto al carácter son muy importantes. Ves cómo se puede herir a otras personas cuando no se tiene un buen carácter. Sé fuerte en lo que te estoy enseñando. Aun si ves que otros se comportan de una manera diferente a tu alrededor, tú y yo tenemos que tratar bien a la gente».

Pero enfrentémoslo: las madres y los padres son diferentes. Quizá los papás permitan ciertas acciones o actividades que una mamá nunca permitiría. A veces lo contrario es verdad. Así que para muchas madres solteras, la relación con el papá de sus hijos es un equilibrio muy delicado entre honrar al hombre que es el padre de sus hijos y lidiar con los problemas que pueden influir el carácter. Algunas veces lo vas a hacer mal, y algunas veces lo harás bien, pero sólo recuerda que hay veces en que alguien tiene que ser la persona adulta, y vas a tener que ser tú. Tal vez alejarte mentalmente de la situación te ayudará, o hasta puedes imaginarte que estás parada encima de la situación, eligiendo concienzudamente traer sabiduría y sentido común, tal y como una madre adulta debiera estar haciéndolo por sus hijos.

Te va a parecer como si cada semana hay algo nuevo a través de lo cual navegar o para resolver, y vas a tener que poder desconectarte lo suficiente como para no tomarlo como ofensa personal. Esta es tu vida, y quieres mantener tu sano juicio lo más que puedas. Me fascina el correo electrónico y los mensajes de texto por el teléfono, porque el tono de voz no es parte de la comunicación. Evita el conflicto cada vez que te sea posible, porque se requiere mucha energía y emoción para volver a entrar en las discusiones que no tienen salida. Tú tienes niños que necesitan toda la energía que les puedas dar. Así que resérvala para ellos.

Me avergüenza admitir que me tomó años empezar a orar por el papá de mis hijos. Ahora sí oro por él. Yo había orado antes, pero no oraciones verdaderas, como las que se hacen de corazón. Sería una bendición para mis hijos ver que su papá esté viviendo fortalecido, logrando que sus sueños se hagan realidad y consiguiendo cosas maravillosas. He empezado a orar con libertad en cuanto a su bendición. Quiero que mis hijos tengan el mejor papá del mundo. Ellos no merecen menos. Finalmente me es fácil orar eso por ellos.

OLVÍDATE ACERCA DE LO QUE NO ES JUSTO, AHORA SE TRATA DE LOS NIÑOS. Me llevo a los niños para que compren regalos de Navidad para su papá, para su cumpleaños y para el Día del Padre. Detestarían no tener un regalo para él, así que lo hago por ellos. Además, quiero que aprendan a dar. La idea del regalo no es recíproca. Así que antes de mi cumpleaños o de la Navidad, llamo a mis padres y les pido que se lleven a mis hijos de compras para que me consigan un regalo. No necesito nada más, pero esto es por mis hijos. Ellos quieren dar. Me imagino que es un poco injusto, pero no importa. Al ir a tientas a través de estos años y por estas interacciones, estoy aprendiendo a preguntarme: ¿Cómo va a afectar esto a los niños? Muchas cosas que me parecen injustas, a lo mejor son ridículamente injustas. Pero si esto no se trata de mí, sino de los niños, he aprendido a dejarlo ir, hacer lo que es correcto para ellos, e interactuar con su papá lo mejor que pueda. El haber decidido que esta relación ya no se trata de mí me ha dado una libertad tremenda. Puedo hacer lo que mis hijos necesiten. ¡Aleluya! Ahora se trata sólo acerca de los niños.

SOY LA MAMÁ; YO SOY LA QUE MANDA. Tal vez nos sintamos que somos las culpables de nuestras circunstancias. Quizá dudemos acerca de nuestras habilidades. Pero cada una de nosotras todavía somos «la mamá». Somos las que mandamos. Somos adultas y ellos son pequeños, aun cuando su «pequeñez» esté empaquetada dentro de sus cuerpos altos y adolescentes. La autoridad parental nos ha sido otorgada por Dios. El estatus de madre soltera no quita esa autoridad ni disminuye la responsabilidad que tenemos ante Dios de guiar, proteger, aconsejar y disciplinar.

Los ojos de mis hijos se ponen glaseados como una rosquilla de Krispy Kreme cuando lo digo, pero usualmente repito esto por lo menos una vez a la semana: «Soy responsable ante Dios de protegerlos. Esto realmente no se trata de ustedes, ni de ser su amiga, ni de lo que ustedes piensen en sus cabezas. Esto se trata de *mí*, de darle cuentas a Dios por la forma en que los he protegido a *ustedes*. No me importa si les hace tristes, enojados o felices. Yo soy la mamá. Un día estaré delante de Dios y esto yo lo tomo en serio».

¿Y sabes qué? A mis hijos esto les da un sentido de seguridad profundo cuando me paro y los guío con autoridad. Se los puedo ver en sus rostros. Cuando yo tomo el mando, no soy mala ni dificultosa, sino que estoy buscando sabiduría para dirigir sus corazones y mantener límites saludables.

Casi todos los domingos después de la iglesia, nos vamos a almorzar en un restaurante. Y casi todos los domingos tenemos un desacuerdo en cuanto a dónde ir. Yo podría comer comida mejicana tres veces al día. Grayson quiere comida china. Los otros quieren la comida grasosa que podemos comprar sin salirnos del auto. Hace un tiempo atrás les dije: «Mi papá nunca nos preguntaba a dónde queríamos ir después de la iglesia. Solamente nos metíamos en el auto y él nos llevaba dondequiera que quería que comiésemos. Entonces almorzábamos sin quejarnos. Y ninguno de los niños pequeños tenía la oportunidad de dar su opinión en cuanto a qué restaurante daba los mejores juguetes. Sólo entrábamos y estábamos agradecidos. Creo que voy a ser igual que papi. Voy a manejar y ustedes van a salirse del auto y comer cuando yo me detenga».

El domingo pasado nos metimos al auto después de la iglesia y la discusión usual comenzó con puntualidad. Pero entonces Taylor saltó y dijo desde atrás: «Mamá, igual que papi».

Ellos necesitan que los guiemos en cosas pequeñas como la comida y en cosas grandes sobre el hogar y el corazón. No temas ser la mamá. Estos niños necesitan ser niños, y eso sucede cuando tú y yo hacemos lo que tenemos que hacer con fortaleza y gentil autoridad.

DÍ NO, CUANDO TU CORAZÓN DICE QUE NO. Yo creo que cuando le pides dirección a Dios, Él la dará. Como madre soltera, siento como que si le estoy hablando a Dios todo el tiempo. Lo más difícil es escuchar Su respuesta, discernir Su voluntad, y luego confiar en que la forma que tiene Dios de hacer las cosas es la mejor, aun si es frustrante para los niños o si hace que la situación se haga más dificultosa para mí. Estoy aprendiendo a decir que no cuando siento ese «algo de Dios» por dentro. Es la manera en que he empezado a oír de Dios en cuánto a criar a mis hijos.

Unos cuantos años atrás, Taylor conoció a unas niñas que querían que fuera a jugar con ellas un sábado. Hablé con la mamá, conseguí la dirección y estuve de acuerdo en llevar a Taylor.

Cuando llegué a la entrada de la casa, todas las alarmas del Espíritu Santo sonaron dentro de mí. Fue como que pudiese sentir la oscuridad. Pero por algún motivo tonto, todavía permití que Taylor fuera y se quedara por el tiempo acordado. Cuando regresé luego a buscarla, tuve la misma sensación extraña en mi estómago. *No debí haberla dejado meterse allí.* Cuando Taylor entró al auto, le dije: «Mi cielo, sé que vas a pensar que soy la persona más rara que conozcas, pero las sirenas de advertencia estaban sonando dentro de mí. No conozco a esta gente. No sé lo que hacen. No estoy acusando a nada ni a nadie, pero aquí hay una presencia malévola y no te voy a dejar regresar. Las niñas pueden venir a nuestra casa, pero he decidido que tú no puedes estar aquí».

Yo creo que en ese entonces, Taylor cursaba el octavo grado, el cual no fue uno de nuestros mejores años. Ella sólo se quedó allí sentada, desanimada, estoy segura, mirando por la ventana, probablemente pensando que su mamá era una loca. Pero la sensación fue tan fuerte ese día que decidí mantenerme firme en mi decisión. La próxima vez que la invitaron, les dije que ella no podía ir pero ofrecí recoger a las niñas y traerlas a nuestra casa. Taylor estaba aterrorizada.

«Mamá, todas mis amigas piensan que a ti no te gustan», mi hermosa tontuela adolescente me dijo acusadoramente. Me imagino que ella pensaba que me importaba lo que unas niñas de trece años de edad pensaran de mí.

«Bueno, no», le dije.

«Mamaaaaaá, no puedo creer que hayas dicho eso», gimió la que estaba triste.

«Mi cielo, tú sabes que me gustan mucho esas niñas», le dije. «Me importan sus corazones y sus vidas. Me importan las decisiones que toman y las consecuencias que van a tener. Quiero que sepas que aquí siempre están bienvenidas. Hablaré con ellas, les daré de comer, haré lo que sea necesario para cuidar sus corazones tiernos, pero no voy a poner a mi hija en su altar. *No puedes ir*».

Ahí se acabó nuestra conversación. Mamá loca, basada en la «vacilación del Espíritu Santo», evita que su hija que cursa el octavo grado vaya a la casa de sus amigas. Creo que ese fue un día muy horrible para ella. Estoy segura de que inventó algo para decirles en vez de lo del Espíritu Santo. Probablemente estuvo deprimida. No me importó porque sabía que ella estaba a salvo.

Y aquí está la trama. Como unos tres meses después, en el supermercado me encontré con una mamá que conocía a estas «amigas» nuevas. «Dime qué sabes acerca de las niñas», le dije. Sucedió ser que aunque no había tenido todos los detalles, mi corazón estaba en lo correcto. Había más razones de lo que me hubiese imaginado, por las cuales Taylor debía mantenerse alejada de ellas. No puedo decirte las veces en que Dios ha usado mi corazón para ayudarme a guiar a mis hijos. Cuando siento ese algo dentro de mí, no me importa lo que digan o las promesas que hagan, la respuesta inequívoca es *no*.

Cuando tu corazón dice que no, tienes que obedecerle. Siempre trato de explicarles a mis hijos el por qué de las cosas. Y normalmente le echo la culpa a Dios cuando lo hago. Les digo que le he pedido a Dios que me guíe, y cuando tengo una sensación extraña sobre algo, es Él usualmente llamándome la atención e instándome a que les diga que no. Ellos han visto esto demostrado tantas veces ya, que aunque no lo quieran oír, por lo general aceptan la decisión.

DÍ QUE SÍ, CADA VEZ QUE PUEDAS. Una de las cosas que hace que mis hijos puedan tragarse el hecho de que yo les diga que no, es su creencia de que me estoy esforzando para decirles que sí cada vez que pueda. Realmente trato de decirles que sí cada vez que me es posible. La vida pasa demasiado rápido y sus pocos días de crecimiento pronto se irán. Así que si es bueno, si quizá sea divertido, si tenemos el dinero, si han hecho sus tareas y han terminado sus quehaceres, entonces trato de decirles que sí. A veces todo eso está sin hacer, pero de todas maneras digo que sí. Ellos son niños muy buenos y de vez en cuando es bueno darse el gusto de un sí que en realidad no se merece.

SÉ LA PRIMERA EN PEDIR PERDÓN CUANDO COMETES UN ERROR. ¿Cómo van a saber la manera de hacerlo si no le damos un ejemplo de la humildad que tiene un «lo siento»? Quiero que mis hijos se den cuenta de cuando han escogido o actuado mal, y luego que aprendan a pedir perdón y buscar la restauración rápidamente. Yo soy la que les está enseñando, así que tengo que ser un ejemplo de esta clase de gentileza.

Por otro lado, cuando tu hijo o hija te diga: «lo siento», entonces se acabó. A lo mejor hayan consecuencias, pero la ofensa se terminó. No podemos reprender a nuestros hijos por los errores que cometieron o seguir recordándoles acerca de la mala decisión que tomaron. Tu tono y tu semblante deben reflejar que «se acabó». El perdón realmente perdona.

Recuerdo haber escuchado que debemos tratar a nuestra familia como si fueran amigos y a nuestros amigos como si fueran familia. Yo pienso que es especialmente cierto en la crianza de nuestros hijos. Corregimos, pedimos y aceptamos el perdón, y luego nos restablecemos gentilmente con ellos. Sus corazones son tan preciosos, y ningún niño debería tener que soportar el dolor de guardar rencor o de un perdón condicional. Enséñales a dar y a recibir perdón.

DA MARCHA ATRÁS CUANDO SEA NECESARIO. Muchas madres me han dicho: «Angela, ya les he permitido a mis hijos que hagan esto y lo otro, así que ¿cómo les puedo decir que no ahora?» Una de las mejores cosas que he aprendido acerca de estos tiempos es que es muy adulto dar marcha atrás si te das cuenta de que has cometido un error o que no has escogido lo mejor.

Muy a menudo he tenido que decirles a mis hijos algo como esto: «Sé que les he permitido esto en el pasado, pero ahora creo que estaba equivocada. No había sentado límites fuertes para la familia. Tomé una mala decisión. Pero ahora sé mejor, así que quiero hacer mejor para todos nosotros. Me doy cuenta de que esto quizá sea difícil para ustedes, pero estoy dando marcha atrás. Estaría mal de mi parte permitir algo cuando yo sé que no es lo mejor ni para ustedes ni para mí. Por favor perdónenme por no haberlo hecho antes o por hacer que se sientan confundidos.»

Ellos podrán quejarse o refunfuñar, pero los niños aceptan muy bien la honestidad. He dado marcha atrás varias veces después de obtener más información o de sentir que el límite tenía que ser más estricto en cierta área. La clave de criar a los hijos con fuerza es que cuando des marcha atrás, tienes que ser consistente. No puedes estar entrando y saliendo de tu sabiduría o dirección recién adquirida. Los niños perderían el respeto hacia tu autoridad. Lo último que quieres que ellos piensen es: *Sí, ella siempre dice cosas como esa, pero no es en serio.*

HÁBLALES A TUS HIJOS COMO SI ESTUVIESES FASCINADA CON SUS VIDAS. ¿Cómo saludarías a tu mejor amiga? Saluda a tus hijos de la misma manera. Ve hacia ellos cada vez que lleguen a casa.

Abrázalos. Mírales a los ojos con propósito y con amor. Dales por lo menos cinco minutos para que se relajen, consigan un refrigerio y se pongan cómodos, antes de que empieces a dar órdenes o a corregir lo que han hecho mal.

Síguele el hilo a la conversación. William, el de diez años de edad, me tuvo a mí sola por unos cuantos minutos ayer. Quería hablarme en cuánto a dibujar los personajes de los juegos de Nintendo sobre unas tarjetas y enviárselas a la compañía. Ya tiene hecha una colección completa y tiene la esperanza de que quieran usar sus dibujos para hacer paquetes de tarjetas. No te puedo decir cuán perdida estuve con cada nombre que me dio después de Mario. Y no tengo ni la menor idea de lo que hace cada uno. Pero le tenía que seguir el hilo para que supiera que él vale mucho para mí. De hecho, es tan valioso que me metí en la computadora a buscar la dirección de Nintendo Internacional en Google, para que él les pudiera enviar su obra de arte. Yo tenía un millón de cosas que hacer, pero el respeto al corazón y a los intereses de mi bebé viene antes que la fecha de entrega de un libro o una pila de ropa de la lavandería.

Uno de los regalos que me dieron mis padres fue su interés en mi vida y sus detalles. Después que obtuve mi licencia de conducir, mi papá se quedaba despierto todas las noches esperándome. Siempre nos quedábamos hablando por unos quince o veinte minutos, y le contaba con quien había estado y dónde había ido. Me hacía preguntas probablemente más para mi protección y siempre se mostraba muy interesado en mí. Todavía me habla de esa manera, como si mi vida lo cautivara. ¡Qué regalo les vamos a dar a nuestros hijos cuando decidamos estar fascinados con los detalles de sus vidas!

NO LES DÉS TODO. Sentimos una punzada de culpabilidad, porque los niños viven en un hogar quebrantado, así que le compramos algo para lo que no tenemos suficiente dinero o que no necesitan, sólo para hacernos sentir que no estamos quebrantados. Pero gastar dinero indulgentemente no es sólo un despilfarro, sino una forma muy mala de criar a los hijos. Obviamente que está bien comprar algunas cosas. Pero también creo que tener un poco de aburrimiento es bueno. Como ayer, William entró a la casa corriendo con sus amigos. Ellos querían que yo los llevara a la tienda para comprar un juego nuevo de video porque estaban «aburridos». Era un día muy lindo. Ellos pensaban que habían jugado todos los juegos que se podían jugar afuera, pero yo estaba absolutamente segura de que nadie necesitaba un juego nuevo de video con el clima tan perfecto que teníamos.

Les dije a los niños que si estaban realmente aburridos, quizá sería un buen momento para restregar la bañera, luego podrían limpiar el garaje, y después de eso podrían barrer la terraza. Como por arte de magia, se les *quitó el aburrimiento* de inmediato. Los niños necesitan que les ayudemos a ser creativos y llenar su agenda, pero no les tenemos que darles todo lo que pidan para poder lograr esto.

PÍDELE A UN HOMBRE COMO DAVE, O MIKE, O RICK QUE A VECES SEAN LOS ESTRICTOS. Dave, Mike y Rick están casados con mujeres hermosas. Cada uno tiene tres hijos. Todos son padres fabulosos que aman bien a sus familias. Y los tres viven por mi calle. Esos buenos hombres también me ayudan a criar a mis hijos. Muchas veces no sé qué hacer, o solamente estoy cansada de oírme la voz. Y algunas veces mis hijos sólo necesitan un hombre. Que Dios bendiga a estos hombres; ellos tienen suficientes cosas que hacer en sus propias casas, pero cada uno me ha ayudado a criar a mis hijos.

Los hombres me ayudan especialmente con mis niños: jugando frisbee alrededor del vecindario, siendo entrenadores de sus equipos de béisbol, llevándolos a las prácticas, a las pistas de patinaje, a la piscina, y a acampar. Y últimamente, le he pedido a cada uno de estos buenos hombres que sean estrictos por mí. Mamá está cansada.

Dave les recuerda a mis hijos cuando es tiempo de cortar el césped. Es curioso ver cómo lo hacen de una vez cuando él se los dice. Rick aparta a los varones para darles lecciones de seguridad, para hablarles acerca de las reglas de la pequeña cabaña que construyeron, y sobre cómo controlar sus temperamentos. Mike supervisa los juegos de linternas y los lleva a comer hamburguesas. Todos estos hombres tienen mi permiso para tratar a mis hijos como si fueran los suyos. Y realmente ha hecho una gran diferencia, tanto para mis hijos como para mí.

Quizá le tengas que pedir a alguien también. Alguien que tenga un corazón lleno de amor y que sea fenomenal. Alguien que pueda decir lo mismo que acabas de decir, pero lo suficientemente diferente como para que le escuchen.

• • •

Aunque estoy bendecida de tener algunos vecinos fabulosos, algunos días miro a mi alrededor y pregunto: «¿Por qué tengo que hacer esto sola? *Esas* mujeres no tienen que criar a sus hijos solas. *Ella* tiene un buen hombre que le ayude. *Esa* mamá tiene un sitio suave dónde caerse. ¿Por qué yo no?»

Pero no hay buenas respuestas.

Las madres solteras crían a sus hijos por sí solas. Y sencillamente es difícil.

Así que no sé por qué. Muchas veces, no sé *cómo*.

Tal vez si seguimos haciendo lo mejor que podamos, seguramente Dios hará que una sea suficiente.

mamá con límites

Después que algunos de mis bebés crecieron, empecé a entender por qué los padres les gritan a sus hijos desde el otro lado de la habitación. A veces es más fácil gritar, que realmente tener que pararse y hacer algo para corregir el comportamiento. He estado en hogares y he oído a madres gritarles: «¡No toques eso! ¡No te subas allí! ¡No tires el cereal!», a niños que obviamente nunca le hacen caso a la voz de su mamá. Pero ya entiendo que gritar es más fácil que hacer.

Hacer, significa salirse de la silla, caminar hacia el pequeño, y corregir gentilmente el mismo comportamiento desobediente por la vigésimo séptima vez. Cansa y aburre, y las madres están agotadas, así que gritan o eventualmente desisten. Para el tiempo en que mi cuarto hijo creció, yo entendí totalmente por qué es que las madres se dan por vencidas y los niños se suben por las ventanas donde quedan atascados entre el vidrio y la malla de alambre. De hecho, quedan tan atascados que la ventana no puede abrirse, forzando a que alguien se suba en unas escaleras, y corte un hueco en la malla de alambre que estaba como nueva para desalojar al chico cuya madre estaba demasiado cansada para pararse y remover al pequeño y desafiante trepador.

Ese niño inquisitivo era mi amigo Sam que ahora es un adulto. Él fue el tercero en nacer, no prestaba atención y volvía loca a su madre. Después de haber sido un niño tan baboso y rebelde, mi compañero de universidad en realidad se convirtió en un gran hombre. Que Dios bendiga a su mamá y a todas nosotras, las madres que aun no pueden ver que sus hijos probablemente van a estar bien. Pero en estos años, tenemos que hacer más que gritar. Tenemos que ser «madres con límites».

Una mamá con límites se levanta y camina al otro lado de la habitación para corregir la desobediencia. Es más difícil porque toma tiempo, energía y emoción. Pero realmente no tenemos alternativa. Esos corazones pequeños son muy importantes y nosotras tenemos que ser la persona adulta que es demasiado inteligente como para recurrir a los gritos.

Asimismo, tenemos que involucrarnos en determinar los límites que mantienen a nuestros adolescentes y preadolescentes fuera de peligro. Debemos mantener las líneas del buen juicio y protección, y si lo hacemos, las estadísticas están a nuestro favor: Ellos van a estar bien.

Una buena madre está supuesta a crear un lugar donde sus hijos puedan crecer a salvo. Eso significa que ponemos límites para su seguridad física, su salud emocional, y en general, para la formación día a día de un buen carácter dentro de sus corazones. Cuidamos de sus almas, protegiendo las pequeñas y tiernas personas que son ahora mismo y las personas adultas increíbles que tienen la capacidad de llegar a ser. Los contenemos, extendiendo lentamente las líneas que hemos trazado alrededor del potencial que tienen, hasta que un día todas las líneas son borradas y el mundo entero les pertenezca si así lo desean.

La madre más mala del mundo

En nuestra cultura y en estos tiempos ridículos e indulgentes, ser una madre con límites quizá sea una de las cosas más difíciles que tú y yo tengamos que hacer. La madre con límites no siempre va a ser una mamá popular. Enfrentamos tiempos de duda personal y mucha oposición por parte de nuestros hijos, sus amigos, hasta de padres o madres que viven en nuestro vecindario. Y algunas veces la madre con límites consigue «la mirada». Tú sabes a qué me refiero. Es esa mirada maligna con los ojos entrecerrados que atisba desde el otro lado de la mesa de la cocina y que te dice: *«Eres la mamá más mala del mundo»*.

Me fascina el dicho en son de broma de Mark Twain sobre la crianza de los hijos: «Cuando el niño cumpla los trece años de edad, póngalo en un barril y déle de comer por un hoyo; cuando cumpla los dieciséis, tape el hoyo». Para un niño, a veces nuestros límites firmes podrán sentirse como si estuviese en un barril horripilante. Y nunca es fácil saber cuando es que se debe tapar el hoyo y cuando se deben abrir sus tablillas. No existe una forma de crear límites que funcionen para todos los niños. Todos son tan diferentes, y esto hace que nuestro trabajo sea más difícil.

Ser una madre con límites puede ser una de las cosas más importantes que tengamos que hacer, pero también es lo que puede llevarte a perder los estribos, gritándole a tus hijos: «¡Me doy por vencida! Vive como te dé la gana. ¡Espero que esa vagancia y rebeldía te llegue a resultar bien!» Todos sabemos que criar a los hijos agota y que los límites requieren fortaleza, muchas veces más fuerza de la que creemos que tenemos.

Algunas veces, cuando estoy dando una charla en uno de los eventos para niñas adolescentes, digo: «Les voy a decir algunos de los límites firmes que he puesto en mi casa, algunas de las cosas que estoy haciendo para proteger a mis hijos. Cuando termine, ustedes van a ir a sus casas y les van a decir con toda sinceridad a sus madres, mirándolas amorosamente, "Estoy muy feliz de que Angela Thomas no es mi mamá"». Todas las niñas se ríen, pero no puedo contar las veces en que muchas han venido al final del evento y me han dicho: «Cómo me gustaría que mi mamá hubiese sido como usted. Me hubiese gustado que ella fuese más estricta. Si sólo me hubiera dicho que no, ¡aunque me hubiese salido con un ataque de malcriadez o hubiese gritado como un bebé! Mi vida sería muy diferente ahora si hubiesen habido límites más firmes».

Y entonces también, no sé cuántas madres me han dado un pedazo de papel en la mano, pidiéndome que escriba un libro sobre la crianza de los hijos. El último que recibí decía: «No sé cómo ser una madre como tú la describes. Por favor escribe un libro o dicta un seminario. ¡Ayúdame! Mis niños necesitan que yo sea una mamá con límites». No sé si tengo suficiente material para un libro, ¿pero que tal si empiezo con un capítulo?

Antes de que nos metamos de lleno, quiero que sepas que ser la mamá con límites no significa convertirse en una mamá mala, legalista, estricta en cuanto a las reglas, con lista en mano y dando castigos. Estoy orando y tengo la esperanza de que lo que estoy haciendo para proteger a mis hijos, lo haga con gracia y compasión, que les hable lo suficiente como para que comprendan mi razonamiento y mi corazón, el cual está lleno de amor por ellos. Me he enojado, pero no fijo ni mantengo límites basados en mi enojo. Y cada vez que pueda hacer que el límite sea un poco divertido, siempre trato de hacerlo.

Así que antes de que le grites una vez más a otro niño más acerca de la misma cosa por la que siempre has gritado, demos unos cuantos pasos hacia atrás y construyamos un límite firme para la protección y disciplina de él o ella. Luego sostenga la línea.

Mis lecciones de mamá con límites

ESTABLECE LOS LÍMITES, PERO DEBES ESTAR DISPUESTA A HACER EXECPCIONES. Cuando pones límites, estás estableciendo algunos principios por los cuales se van a guiar tus hijos, con el propósito de proteger a tu familia. Después que hayas hecho eso, entonces tienes que usar tu sentido común y la sabiduría que Dios te dio para discernir cuándo es que una situación cae en la categoría de «excepción a la regla». Cosas pasan, situaciones salen a relucir, los niños cometen errores y las mamás también. A veces demostrar afecto es más importante que acatarse a una regla.

Nuestros niños necesitan experimentar lo que se siente ser realmente perdonado, escuchar cómo suena la misericordia, y ver cómo es que se ve un lugar de reposo y de amor en abundancia. Así que establece límites buenos y sabios, y luego mantente firme en tus decisiones con mucho afecto, dispuesta a que Dios te guíe hacia una nueva dirección y a ser razonable con tus hijos.

NO TE PREOCUPES CUANDO ELLOS PONGAN A PRUEBA TUS LÍMITES. Pienso que los niños tienen que empujar contra el límite de vez en cuando para estar seguros de que aun está allí. Y a la verdad, creo que les da seguridad cuando ponen a prueba el límite y se dan cuenta de que todavía está firme. Yo permito unas cuantas pruebas, como cuando Taylor me hace la misma pregunta, pero de una manera diferente. Permito que me pregunte dos veces, tal vez tres, pero después de eso le dejo saber bien claro que la prueba tiene que terminar. Más de una vez le he dicho a ella: «Un día vas a ganar mucho dinero por esto. La gente les paga a los abogados cuatrocientos dólares la hora para que hagan la misma pregunta en cincuenta maneras diferentes. Pero hoy, no eres una abogada. Todavía eres mi hija, y si te diriges a mí una vez más como si estuvieras en un juicio, vas cruzar hacia la desobediencia. La juez está a punto de declarar que estás fuera de orden y de mandarte a freír espárragos por desacato al tribunal».

Es muy seguro que te van a poner a prueba. En esas ocasiones, los niños necesitan sentir tu firmeza.

CREA UN REFUGIO. Nuestros hogares tienen que ser el lugar más seguro de la tierra para nuestros hijos, porque el hogar que les edificamos es el lugar donde se formarán sus corazones y se sembrarán sus sueños. Si pudiese escribir TODO EN MAYÚSCULAS aquí, sin ofenderte totalmente, lo haría. Esto es importante. Especialmente para las madres solteras, la idea de crear un refugio es inmensa. La mayoría de nuestros hijos tienen que empacar maletas de fin de semana mucho más de lo que debieran. Así que el hogar que les proveamos tiene que ser un refugio, un lugar seguro donde caerse y el lugar a donde siempre deseen regresar.

Probablemente tus niños son como los míos: Les gusta comer las mismas cosas una y otra vez. A los míos les gustan *los mismos* macarrones con queso, ninguna otra receta o una versión de alguna cacerola extraña. A ellos les gusta de la forma que les gusta, y la mayoría de las veces, esa es exactamente la manera en que se los hago. Los expertos dicen que los niños escogen las mismas comidas una y otra vez porque les da un sentimiento de seguridad. Pero nosotras podemos hacer más que servirles los mismos macarrones con queso. Sólo piensa en lo que les podemos dar a su carácter si el lugar donde viven es hogareño, lleno de paz, un refugio protegido que provee seguridad y aceptación real e incondicional. Un hogar como ese sería el mejor lugar en la tierra para que niñitos tontorrones aprendan a cómo convertirse en adultos increíbles.

Toda madre tiene la responsabilidad de crear y proteger el refugio, el santuario donde viven sus hijos. Debemos establecer límites firmes alrededor del lugar donde se acuestan a dormir y hacen sus tareas. Un «refugio» significa que allí radica la bondad. No se admiten la maldad ni ninguna de sus manifestaciones variadas. Satanás quiere desanimar, robar, matar y destruir. Satanás quiere dominar a mis hijos. Si tienes menos de veinticinco años de edad, pienso que el blanco trazado sobre tu espalda es tres veces más grande y con luces fluorescentes. Lamentablemente, las mujeres adultas saben que esto es cierto: las heridas que se sufren en la juventud, como las decisiones que se toman en la escuela secundaria, pueden dejarte con dolores y repercusiones que duran toda una vida. Las malas decisiones no sólo vienen con consecuencias, sino que pueden mancillar futuras relaciones, un matrimonio, y cómo nuestros hijos criarán a sus propios hijos. Es obligatorio que tomemos estos años en serio y que hagamos lo que sea necesario para establecer límites alrededor de nuestros refugios que protejan sus corazones.

Estoy justo en el medio de esos años cruciales con mis cuatro hijos. Tristemente, ya hemos dejado atrás la etapa de armar con los bloques Lego y jugar a la cocinita, y el periodo en que yo sabía cuántos guisantes se comían durante la cena. Recuerdo cuando un límite significaba avanzar el video durante la parte donde salían lobos en la película de *La Bella y La Bestia*, para que Taylor no tuviese pesadillas.

Los dibujos animados de lobos ya son cosa del pasado. Ahora los lobos son personas reales con intenciones malvadas, invasiones cibernéticas que se aparecen cuando menos lo esperas, y los errores que un niño inocente puede cometer involuntariamente en nuestro mundo inmoral.

Hoy puedo decir que todos mis niños están en un lugar muy bueno, pero no doy eso por sentado. Cualquier cosa puede suceder. Uno de mis hijos pudiese tomar una mala decisión. De hecho, tal vez un día escucharás a alguien decir: «¿Supiste lo que hizo el hijo de Angela?» No sé lo que está en nuestro futuro, pero puedo prometerte esto: Si Satanás viene a tratar de quitarme alguno de mis hijos, no entrará por la puerta principal, porque es allí donde estoy parada. Él tendrá que meterse por una grieta en el piso, pero no se le permitirá andar arrogantemente por mi refugio, no mientras yo esté de guardia.

Ahora mismo estoy sentada en mi oficina, en la silla que uso para escribir, en mi sala de estudio. Se encuentra en el centro de la casa, abajo, donde está la acción. Estoy trabajando pero puedo saludar a todo el mundo y estar al tanto de todo lo que está sucediendo. El día está precioso allá fuera, y los niños han estado saliendo y entrando con sus amigos durante todo el día. Taylor está en el patio de atrás, jugando al fútbol con dos muchachos de su escuela que son realmente geniales. Han estado afuera por un par de horas. AnnaGrace está arriba con Rachel, nuestra vecina. Pareciera que hubiesen salido y entrado por la puerta principal más de cien veces. Grayson y William cortaron el césped mientras todo el vecindario los observaba y los ayudaba. Después de eso, jugaron béisbol por unos minutos y ahora el grupo se fue a la casa de Zach para jugar en el resbaladero. Te digo todo esto porque quiero que sepas que vigilar los límites significa que tienes que estar cerca, ser parte activa y estar accesible.

Yo trabajo en casa, así que tengo un poco de ventaja en ese sentido. Pero muchas de ustedes trabajan fuera del hogar, así que mantenerse al tanto en cuanto a dónde van sus hijos y de dónde vienen, requerirá soluciones más creativas. De todas maneras, estoy convencida de que los niños no deben estar solos en casa por un tiempo prolongado. Quizás actividades después de la escuela pueden cubrir el tiempo en que no puedas estar con ellos, o tal vez una vecina los pueda cuidar hasta que llegues a casa. Sé que hacer planes adicionales puede ser extremadamente difícil, pero estos son los años en los cuales se forman los hábitos y se moldea el carácter. Tenemos que mantenernos en contacto y comprometernos al cuidado de nuestros hijos.

Hacer de la casa un refugio significa que soy parte de la vida de mis hijos. Sé dónde están, con quienes y por cuánto tiempo. Nosotros conversamos acerca de lo que hicieron durante el día, cómo se sienten, y qué es lo que hacen los otros niños. Estoy segura de que no me entero de todos los datos. Pero cada vez que entran corriendo a la casa y gritan: ¡Mamá!, trato de estar lista para interactuar, mirarles a los ojos y descifrar sus semblantes como sólo una mamá puede hacerlo.

Las próximas lecciones provienen de mi deseo de hacer de mi casa un refugio. Posiblemente no serán decisiones que desees tomar. Está bien. Mi oración es que algo de lo que yo diga te anime a crear límites firmes que mantengan seguros a tus hijos y al hogar en el cual viven en paz y alegría.

PROTEGE EL TIEMPO DE TU FAMILIA. Nosotros no planeamos hacer cosas adicionales por las noches durante el periodo escolar. Tal vez vayamos a la tienda para comprar algo que los niños necesiten para la escuela. Asistimos a los juegos o a las actividades escolares en los que ellos participen. Y mis hijos mayores van al grupo de jóvenes o al ministerio Young Life [Vida Juvenil]. Pero no nos ponemos a correr incesantemente por todos lados en las noches durante la semana escolar. No me los llevo al centro comercial ni a hacer mandados que podemos hacer durante el fin de semana. Tampoco permito que duerman en casa de los amiguitos durante la semana escolar. No participo en comités ni voy a reuniones que me aparten de ellos por las noches. El equilibrio es el objetivo. Si siento que nos desequilibramos en alguno de los lados, haciendo demasiado o muy poco, es mi trabajo frenarnos o empujarnos para restaurar el orden y la paz.

NO SE PERMITE QUE USEN LA INTERNET. NADA. CERO. NI UNA PIZCA. Sé que esto te puede parecer extremista. Y para mí, es una medida extrema que va en contra de nuestra cultura, pero mi intención no es ser extremista; solamente quiero proteger a mis hijos. Como te lo podrás imaginar, no llegué a tomar esta decisión sin haber tenido una terrible lección.

Varios años atrás, cuando Taylor estaba cursando los primeros años de la secundaria, dejé que tuviera su propio correo electrónico y que usara mi computadora después de la escuela para escribirles a sus amigos. Como ya sabes, los niños añaden nombres a su lista y la mayoría de ellos añaden todos los nombres de sus amiguitos hasta tener tantos que ni siquiera saben quiénes son todas esas personas. Un día, leí un par de mensajes de Taylor que se los había enviado alguien que ella ni siquiera conocía. Si digo que eran inapropiados, me quedo corta. Y peor aun, Taylor le respondió. Después, cuando le pregunté acerca de esto, ella me dijo que no tenía idea de quién era esa persona. Ella lamentaba mucho haber leído y contestado las preguntas que un psicópata le había enviado. Yo tenía ganas de vomitar. Solamente intercambiaron unas cuantas líneas, pero alguien había invadido no sólo mi hogar, sino la mente de mi niña, con basura que yo no podía borrar.

Ya tenía un filtro para la Internet, pero un filtro no puede proteger contra esta clase de interacción. Disciplíné a Taylor y ella perdió el privilegio de usar la computadora por un tiempo. Cuando le permití usarla nuevamente, fijé limitaciones pero yo sabía que después de un tiempo, iban a ser muy difíciles de imponer, y que cosas aparecen que ella no tiene la intención de ver o de leer. El lenguaje que otros niños usan puede ser repugnante, con insinuaciones sexuales entretejidas en todo. No fue Taylor necesariamente, ni sus amigos más cercanos, sino que fueron otros niños que se metieron en sus mensajes. Decidí que ya no más. Estos años son demasiado preciosos y sus mentes no necesitan más basura para nublar sus decisiones. Ellos tienen el resto de sus vidas para ser adultos. Les quité la Internet por completo. De verdad. No tienen Internet, ni correo electrónico, ni mensajes instantáneos, ni pueden visitar *MySpace* en la Web. Nada.

Si alguno de mis hijos necesita hacer un reporte sobre pingüinos, me siento a la computadora con él o ella junto a mí. Hacemos la investigación y yo imprimo cualquiera información y/o ilustración que necesiten para completar la tarea. Es más difícil hacerlo de esta manera, pero la escuela no quiere responder los correos electrónicos que les envié en cuanto a regresar al sistema de tener la Enciclopedia Británica en la biblioteca para que los jóvenes puedan hacer sus reportes.

Muchas veces las mujeres quieren decirme acerca del filtro que tienen en sus computadoras para proteger a los niños. Las escucho y les creo a todas ustedes. Pero mis amigas que tienen niños adolescentes que se han convertido en adictos a la pornografía también tenían filtros. Sus amigos de la escuela les enseñaron a cómo sobrepasar el filtro.

Ellos tienen el resto de sus vidas para convertirse en expertos de la Internet, así que por ahora, mis hijos no pueden navegar la Web. Además, todavía pienso que los niños deben jugar afuera.

ESTABLECE PAUTAS FIRMES EN CUANTO A LA TELEVISIÓN Y A LAS PELÍCULAS QUE VEN. Mis hijos raramente ven la televisión después de las nueve de la noche, mayormente porque nos vamos a dormir a esa hora, pero también porque no hay nada que necesitemos poner en nuestras mentes después de las nueve. Y aun antes de las nueve, no hay nada más que el programa de *American Idol* [Ídolo Americano], *Extreme Home Makeover* [Remodelación extrema para la casa] o el canal de Disney. Tenemos cable, pero mi televisión me permite ocultar los canales que no quiero que mis hijos vean cuando quieran cambiar de canales. Además, sólo tenemos una televisión, así que todo el que pasa por la habitación sabe quién está viendo qué.

A mis hijos les encanta ver películas, así que trato de conseguirles todo lo que sea apropiado. Mayormente vemos las que son clasificadas PG (para niños), algunas PG-13 (aptas para mayores de 13 años), pero obviamente no vemos las clasificadas como R (aptas para mayores de 18 años de edad). El otro día, Taylor, que ahora tiene dieciséis años de edad, llamó y me preguntó si podía ver una película PG-13 con sus amigas. Como no había escuchado acerca de ésta, la busqué en www.pluggedinonline.com. Era una película para adolescentes, probablemente con la misma historia de siempre, pero mayormente parecía ser sobre unas jovencitas usando bikinis, tratando de atraer a un muchacho y cometiendo muchos errores sexuales estúpidos que cometen los adolescentes.

Le devolví la llamada a Taylor y le dije: «Cariño, sé que según el sistema de clasificación de las películas tienes edad suficiente como para ver esta película, y según ellos, lo eres. Pero al parecer se trata de un estilo de vida que no llevas. No tiene sentido ver una película en la cual te vas a sentir como una persona socialmente inepta porque no te quitas la ropa para conseguir un muchacho. Lo siento, no quiero ser la mamá mala, pero mi voto es que no».

Y entonces mi niña increíble, a la cual trato de darle muchos privilegios, me dijo sin ni un indicio de desaliento: «Está bien, mamá, mis amigas y yo vamos a ver otra película». Y lo hicieron.

Lo mismo va para los videojuegos. A mis hijos les fascina jugar los juegos de PlayStation y Nintendo, pero yo sólo permito en casa los clasificados como E (para todos).

Una tarde, un niño que venía de visita tenía un montón de juegos que estaba trayendo para jugar. Lo detuve en el garaje y dije: «Oye, déjame ver lo que traes». Él estaba orgulloso de enseñarme sus juegos hasta que saqué todo lo que no estaba clasificado E y le dije: «Si no te importa, vamos a dejar todos éstos en el garaje hasta que te vayas para la casa. Si no está clasificado E, no entra». Desde luego me miró como si yo fuese una boba, pero los juegos violentos que promueven la maldad no van a entrar a mi refugio.

Quizá sientas como que ya has permitido demasiado en lo que se refiere a películas, videojuegos, y televisión. Yo todavía pienso que estaría bien sentarte con tus hijos y decirles: «He decidido tomar mejores decisiones para nuestra familia. No he puesto ninguno de estos límites porque ustedes sean malos o hayan hecho algo malo. Sólo quiero mantenernos protegidos».

Como ya sabes, el resto del mundo no se preocupa por lo que ven sus hijos. Tú vas a ser diferente a la mayoría de los padres, pero estoy orando para que nuestros hijos tengan corazones hermosos, porque cuando están creciendo dentro del refugio, no tienen que filtrar los mensajes malos y violentos que van en contra de los valores que estamos tratando de establecer. A mi manera de ver las cosas, ellos podrán manejar todos esos mensajes después, pero por ahora mientras están creciendo, les quiero dar a mis hijos el regalo de una protección constante y equilibrada. Refugiados, sin duda alguna, pero crecer refugiada resultó ser algo bueno en mi caso.

NO SE LES ES PERMITIDO JUGAR PÓQUER DE NOCHE A MIS HIJOS PREADOLESCENTES. No tengo nada en contra del juego de póquer. De hecho, muchos de los hombres que conozco lo disfrutan. Y todos esos hombres también apuestan cuando juegan, aunque en cantidades relativamente pequeñas. Pero ellos son hombres adultos que están dispuestos a pagar, literalmente, por las consecuencias de sus decisiones. También son conscientes, eso espero, de las señales de adición y sus efectos devastadores.

Ahora, regresemos a mis niños. Estoy absolutamente segura de que en este tiempo, mis hijos de nueve y doce años de edad no necesitan entrenamiento para los juegos de azar por parte de otros niños preadolescentes. Me parece ridículo que haya lecciones para saber cómo jugar los juegos de azar en la primaria. Pero te sorprendería saber cuantos padres no piensan igual. Está bien, pero yo he establecido lo que creo que es un límite con sentido común. Si mis hijos quieren jugar póquer con el dinero que ganen con el sudor de su frente cuando sean adultos, entonces lo harán. Pero por ahora, dentro del refugio, aquí no vamos a tener noches de casino.

TRABAJOS DE MEDIO TIEMPO, LICENCIA PARA CONDUCIR, Y OTRAS COSAS DE ADULTOS. ¡Ay! Uno de mis hijos está en el segundo grado, otro tiene licencia de conducir y los otros dos están que quieren crecer más rápido. En muchas maneras, ya es tiempo de ampliar los límites. Mi hija mayor está lista y pienso que su corazón también lo está, pero aun no estoy dispuesta a atarla a un cohete y lanzarla hacia lo desconocido. Estoy ampliando el territorio de Taylor, pero lentamente, algunas veces hasta disgustarla paulatinamente, con supervisión.

Taylor quería un trabajo y yo realmente quería que tuviese uno. Así que unas cuantas semanas atrás, otra mamá llevó a su hija y a Taylor a varios lugares comerciales para que obtuviesen solicitudes de empleo. Evidentemente, la última parada que hicieron fue en un gran restaurante que está muy cerca de nuestra casa. Y las niñas estaban llenas de alegría, ya que el restaurante quería contratarlas como anfitrionas a ambas. En un par de días, Taylor recibió una llamada ofreciéndole oficialmente el trabajo.

No quería tener desconfianza, pero la tuve. La amiga de Taylor aceptó la oferta de inmediato y empezó a trabajar en esa semana. Aun no podía sentirme cómoda con la posición que le habían ofrecido a Taylor. Termine diciéndole: «Cariño, sé que no te va a gustar esto, pero voy a decir no en cuanto a este trabajo».

«¿Qué? Mamá, es un gran restaurante. La gente fue tan buena. El gerente es comiquísimo. Sería tan divertido. Mi amiga trabaja allí. Por favor, mamá».

«Tay, sólo tienes dieciséis años de edad y eres bonita. Vas a estar parada junto al bar noche tras noche, adonde la gente va a ir para tomarse unos tragos. Tendrás que trabajar hasta las diez de la noche y algunas veces más tarde. Es que no quiero que tengas que sortear los comentarios y conversaciones que tendrás que enfrentar. Aun no es el tiempo. Si fueras mayor, quizá me sentiría diferente, pero no lo eres, así que no voy a dejar que tomes este trabajo».

Ella insistió: «Mamá, ese restaurante es de clase. La gente no va a ir para emborracharse».

Sonriéndomele a mi adolescente linda y superenojada, le contesté: «Mi dulce T, me encanta que seas una gansita tan inocente. No tienes ni idea a dónde va la gente a emborracharse. La respuesta es no. Simplemente vas a tener que buscar otra cosa».

Sabía que había tomado la decisión correcta, pero me sentía muy mal. El que haya dicho que no, era directamente contrario a la decisión de una madre a la cual quiero y respeto. Taylor quería empezar a trabajar. Ella estaba realmente desilusionada. Pero me mantuve firme en mi decisión con compasión y ore: «Señor, por favor otórgale un gran trabajo».

Como una semana y media después, Taylor llegó a casa como flotando. Ella y otra amiga habían pasado la tarde yendo de puerta en puerta por el centro comercial que estaba cerca de la casa. En un restaurante que sirve comida saludable, el dueño la entrevistó y le dio el trabajo de mesera de inmediato. Ella estaba eufórica. Resultó ser que: a) Ganaría el doble de dinero en propinas, b) No tiene bar, c) El restaurante cierra a las seis y media de la tarde, y d) Cierra los domingos. Un trabajo absolutamente perfecto para una niña de dieciséis años con agallas, a quien le encanta hablar con la gente. Pienso que yo estaba aun más feliz que Taylor, agradecida de que mi límite de decirle que «no», condujo a que tuviese un mejor trabajo del que ella se hubiese imaginado. Dios escucha estas oraciones de límites y yo he visto con mis propios ojos cuan espléndidas son Sus respuestas.

También hemos entrado en los años de las licencias para conducir. Por un millón de razones por las cuales tú y yo oramos, el privilegio de conducir sola también se le está dando lentamente. Ir y venir del supermercado, llamándome antes de salir de un lugar. Podrá hacer dos mandados la próxima vez. Toda la aventura de manejar le va a llegar, pero no inmediatamente. El privilegio se gana. Es obviamente más lento de lo que ella esperaba, pero tengo que seguir mi instinto. A lo mejor el privilegio lento protegerá a mi hija de algo terrible que nadie quisiera que pasara.

• • •

Como dije anteriormente, ser la mamá con límites te quita todas las oportunidades de candidatura para ser Mamá Popular. A la verdad, ni me importa. En realidad no me importa si un niño de la escuela piensa que soy una boba. Todo lo que me pregunto es que si mis niños se sienten seguros. *¿Están protegidos? ¿Estoy haciendo todo lo que sé hacer para poder cuidar sus mentes y sus corazones tiernos?* Mi estima no está basada en lo que otros niños farfullan o no. Yo quiero amar a todos los niños que son parte de la vida de mis hijos, pero no es necesario que ellos me quieran a mí. Yo soy responsable ante Dios por mis cuatro hijos. Estoy mucho más interesada en saber qué es lo que piensa Dios de mí como mamá.

Estamos pasando por una gran transición en nuestra familia. El padre de mis hijos se acaba de mudar para otra ciudad que queda a unas cuantas horas de donde vivimos. Creo que se sienten como que si se les estuviera moviendo la tierra debajo de sus pies. Se sienten inseguros y temerosos, y se están preguntando cómo será el futuro que les espera. Varios de mis amigos pastores y consejeros me dijeron que lo mejor que puedo darles ahora mismo es un fuerte sentido de seguridad y fortaleza. Y es cierto. He visto que en sus momentos tiernos, lo mejor que les he podido dar es mi fortaleza. Y en sus momentos de rebeldía, alimentados por la incertidumbre y el enojo que sienten por los asuntos con que tienen que lidiar, lo mejor que les he dado ha sido mi fortaleza cariñosa. En cualquiera de los dos casos, si empujan contra los límites, todavía están fuertes. Aquí la tierra no es movediza. Nada se está moviendo. Todo es como siempre. Es muy importante para ellos que todo siga igual. Les provee reposo.

Me acuerdo de una parte de una vieja canción de la cantante Twila Paris que dice: «En la profundidad de esta armadura, el guerrero es un niño». A veces me siento como una niña que preferiría que fuese otra persona que tuviese que tomar las decisiones difíciles. Es raro sentirse fuerte y segura, con plena confianza de circunstancia en circunstancia. Por dentro, la mayoría de nosotras no nos sentimos lo suficientemente fuertes como para ser la mamá con límites. Pero al ir cerrando este capítulo, ¿me permites darte otro consejo?

Finge cuando tengas que hacerlo.

En serio, simplemente finge estar fuerte cuando sea necesario. Haz lo que tengas que hacer por ellos, aunque sea algo más allá de la valentía que realmente poseas. Algunas veces tengo mucho miedo, pero si no soy la mamá con límites, nadie más lo será.

mamá chévere

Una mañana, estaba dejando a mis hijos en la escuela e iba a regresar en un par de horas para ir a la fiesta de la clase de kindergarten de AnnaGrace. Ese día, antes de que ella saliera del auto, se acercó al asiento delantero para darme un beso y me dijo: «Mamá, cuando regreses a la escuela hoy, sé una mamá chévere, ¿okey?»

«Está bien, mi amor, seré una mamá chévere».

AnnaGrace quería que lo mejor que yo pudiese ser llegara a su fiesta, la mamá chévere que es divertida, y tierna, y alguien con quien uno se sienta a gusto. Ella quería una mamá que baila y cuenta chistes, una persona adulta que está tratando de vivir una vida alerta, apasionada, centrada en otros y *chéeeevere*.

Me fui a la casa esa mañana y me puse los zapatos y los pantalones más chéveres que tenía. Mi nenita quería una mamá «chévere» y ella iba a obtener todo lo chévere que yo pudiera encontrar. Linda por fuera, alegre y madura por dentro.

Ahora me recuerdo a mí misma todo el tiempo: «Sé una mamá chévere hoy».

• • •

Antes yo pensaba que la vida sólo se trataba acerca de mí. Eventualmente, gracias a Dios, entré en razón. Nunca se ha tratado sólo acerca de mí. Nunca se ha tratado sólo acerca de ti.

Las mujeres adultas y chéveres saben eso.

Convertirse en una mamá adulta puede llevar tiempo, porque crecer requiere que entremos en razón. Sé que entrar en razón puede suceder de un momento a otro, pero para mí, más que nada, ha sido un proceso que se ha ido desarrollando lentamente a través del tiempo, poco a poco, de temporada a temporada, hasta que un día, increíblemente, finalmente lo entiendo, o capto una verdad importante acerca de la vida.

Después de mi divorcio, el tema de mi vida era mi dolor, mi desilusión, mi fracaso, mi fututo y mi sufrimiento. Me imagino que todo el mundo pasa por eso, hace más o menos la misma cosa. En esa clase de angustia, nos enfocamos en nosotros mismos. Todo era acerca de mí. Vergonzosamente, ahora me acuerdo de conversaciones que tuve con mis amigos, las cuales nunca tuvieron nada que ver con sus vidas o con sus familias. Probablemente, por varios años, siempre estuve concentrada y enfocada en mí misma y en mis circunstancias terribles y perpetuas.

Obviamente, yo había pasado por muchas cosas terribles, pero también necesitaba entrar en razón. Nunca el asunto había sido sólo acerca de mí; siempre ha sido acerca de los niños también. Cuando finalmente me di cuenta de que ellos tenían que estar en primer lugar, fue el día en que crecí. Estos años deben estar enfocados en sus corazones y en lo que ellos necesitan.

¿Qué es lo que necesitan de mí ahora mismo? Ellos necesitan que yo sea la mejor mamá que pueda ser. No perfecta, pero consistente, poniéndome cada vez más fuerte. Necesitan ver un semblante dulce. Que sea generosa con mi amor. Enfocada hacia afuera en ellos, en vez de hacia adentro, con los ojos entrecerrados viéndolos a través de mi lamentable desilusión. Ellos necesitan que yo caiga en los brazos de Dios, reciba Su sanidad, oiga Sus promesas, confíe en Su provisión, y que me levante y que yo los ame mucho. Tus hijos también necesitan eso.

Quizás el obstáculo más grande para mí ha sido el juego interno y privado de esperar: esperar a que alguien venga a rescatarme. He estado esperando por un hombre. Hablaremos más acerca de esto en otro capítulo, pero por ahora solamente voy a decir que he mantenido mi vida en pausa, con la esperanza secreta de que alguien viniera y que se encargara de todos nosotros. Esto significa que mis hijos han permanecido en pausa todo este tiempo también, mantenidos mientras que su madre ha estado distraída, esperando a ser rescatada de estas enormes responsabilidades.

Pero un día finalmente se me ocurrió: ¿Qué si echara esas esperanzas a un lado? ¿Qué si trato de amar a mis hijos bien y de crear una vida maravillosa para nosotros? ¿Qué si gasto mis energías haciendo lo mejor que pueda en vez de esperar a que alguien nos «salve»? Todo empezó a cambiar cuando decidí enfocarme hacia afuera en ellos y hacia adentro para convertirme en una mamá chévere para todos nosotros.

Para mí, ser una «mamá chévere» significa ser tierna y estar completamente despierta en lo que se refiere a mis hijos, tratando de ser una buena madre en estos años en vez de estar con el deseo de que pase el tiempo y con la esperanza de tener una vida diferente. La madre soltera chévere está viviendo, en vez de anhelando tener algo diferente. Ella es dedicada, honesta, y hace todo lo posible para que su familia pueda estar emocionalmente saludable. A lo mejor hornee las galletas de paquete en vez de las caseras, pero está allí cuidando a su familia y haciéndolo lo más divertido que pueda.

Tal vez me veía igual por fuera, pero después que me comprometí a ser una mamá chévere, por dentro tenía paz, tú sabes: la clase de paz que se tiene cuando uno sabe que está tomando una buena decisión. Siento que haberme despertado en cuanto a estos años, es lo más correcto que haya podido hacer por todos nosotros. El camino de menos arrepentimientos. Enfocada en amar a mi familia y crear un hogar.

Quizá tú y yo podremos disfrutar del amor romántico algún día. Así lo espero. Pero mientras tanto, ¿qué si nos comprometemos a convertirnos en la mejor clase de mamá que podamos ser, una mamá desinteresada, emocionalmente saludable, estable, y amorosa, solamente para ellos? Piensa en las personas maravillosas en que se convertirán ahora que hemos entrado en razón y nos hemos dado cuenta de que realmente todo es acerca de ellos.

Mis lecciones de mamá chévere

NUNCA PARES DE SER AFECTUOSA. Trato de que ninguno de mis hijos pase por delante de mí sin que yo los toque de alguna manera. Les toco la cabeza, les doy palmaditas en la espalda, o les doy un beso en la mejilla. ¿Por qué? Mis hijos están creciendo y no quiero que se olviden que su madre los tocaba. Aunque estén malhumorados o si hubiésemos tenido una discusión, los toco tiernamente. Tienen que creer que mi amor por ellos es consistente e incondicional. No me enfurruño con ellos, ni los rechazo, y nunca me aparto de ellos. Siempre me estoy acercando. Abrazándolos y acurrucándolos. Sigo adelante sin cesar a través de los días de mohín y de abrazos tiesos, para darles el amor de una madre.

Grayson está en los primeros años de la escuela secundaria, así que frente a sus amigos le doy un golpe tierno en la cabeza o algo no tan sentimental. Pero cuando los amigos no están, soy su más grande admiradora, abrazándolo y diciéndole qué gran hombre va a ser. Taylor tiene dieciséis años de edad, pero aun así, y esto para mí es increíble, cuando la voy a visitar en la escuela, ella se sienta en mis piernas. Siempre me besa al saludarme y al despedirse, pone sus brazos alrededor mío, me toma de la mano en la iglesia, y camina hombro con hombro conmigo por el centro comercial. Una parte de mí sabe que este afecto viene de su corazón redimido. La otra parte de mí sabe que nunca dejé de tocarla y que ese afecto nos ayudó a pasar a través de los primeros años de la secundaria un poco torpes, hasta la hermosa relación que tenemos ahora.

No estoy diciendo que Taylor no se frustra conmigo, como cuando no la dejo manejar a algún lado. Pero parece ser que el afecto constante amortigua nuestras diferencias y lima las asperezas, donde soy la mamá con límites y ella no es tan grande como le gustaría ser.

Una vez yo estaba escribiendo un artículo para una revista sobre cómo criar a una hija adolescente. Le pregunté a Taylor si ella tenía algún consejo para las madres. Una de las cosas que dijo fue: «Al final del día, siéntese en la cama de su hija, cepíllele el cabello, métase en su espacio a veces y no se sienta incómoda allí».

El afecto tierno crea seguridad en el corazón de nuestros hijos. Hace que el hogar se sienta seguro. Y mamá se siente como alguien que a uno le gustaría tener cerca y no huir de ella. No importa la edad; determine cómo amarlos con afecto tierno y apropiado.

JUEGA CON TUS NIÑOS. No soy una mamá «habilidosa». Mi madre es una mamá superhabilidosa y extraordinaria, pero de alguna forma ese talento me pasó a mí de largo. Así que no soy buena en cuanto a los juegos que requieren destreza como: crear, dibujar, o construir cosas. Simplemente dejar que los niños tiñan huevos de Pascua es toda una producción para mí. Cada uno tiene un lugar asignado para teñir huevos, bastante papel periódico para proteger la cocina, y un surtido de calcomanías, plumas, y cosas decorativas para que tengan variedad. ¡Y *ellos* hacen el trabajo! Yo solamente los superviso como la maestra de artesanías en la Escuela Bíblica de Verano, preocupada por la posibilidad de que uno de los huevos se caiga al suelo y se rompa en pedacitos. Entonces, Dios no lo quiera, un niño quedará con cinco huevos mientras que los demás tienen seis. ¿Existe alguna duda que me sienta estresada por todo ese tiempo? La mayoría de las madres hacen cosas como esas con un ojo cerrado y bostezando. La destreza simplemente las persigue. Cosas como álbumes de recortes y adornos de Navidad les resultan muy fáciles. Las enormes tiendas artesanales, tú sabes, esas grandes que tienen paquetes con cuentas para ensartar y pistolas adhesivas, hacen que me duela el estómago. Me siento completamente fuera de lugar allí adentro. Yo soy una mamá que quisiera llegar a ser habilidosa algún día.

Así que tuve que aprender a jugar de una manera diferente con mis hijos. Me fascina lanzar la pelota. Así que tal vez soy una de las mejores mamás lanzadoras de pelota de béisbol del país. Mis hijos varones entran corriendo en la cocina con mi guante de béisbol, sabiendo que yo dejo todo a un lado para poder ir a lanzar la pelota en el patio de atrás. También en difícil resistir un juego de cartas UNO en la cama o si esparcen un gran rompecabezas sobre la mesa.

Yo sé que no tienes tiempo y te sientes agotadísima al final del día, igual que yo, pero tenemos que jugar con estos niños. Mira qué tan grandes están ya. No hay nada, absolutamente nada, que signifique más para mis hijos que cuando juego con ellos. Tú también necesitas jugar. Ellos necesitan sentir tu calor y escucharte reír, reír de verdad, lo cual me lleva a la siguiente lección.

RÍETE. Un par de años atrás, como no había podido cocinar, metí a los niños en el auto y me los llevé a uno de esos restaurantes tipo panadería para tomarnos una sopa. Después de comer, hablamos por un rato mientras estábamos sentados a la mesa. Uno de mis hijos empezó a decir unas líneas de la película *Buscando a Nemo*. Ellos eran geniales al repetir estas líneas bien laaargas y me hicieron reír mucho. Esa noche nos reímos tanto que se nos salían las lágrimas. A mis hijos les encantó oírme reír tan duro, así que no paraban. Pienso que les gustó mucho que los estuviese disfrutando a totalidad. Ese restaurante pasó a ser muy especial para nosotros por lo que sucedió esa noche. Mis hijos piensan que es un gran lugar para ir a comer, pero lo que más recuerdan es que es un gran lugar para reírse.

Taylor dice que los niños saben cuando los padres les están dando la risa obligatoria. También dice que esto hace que el niño se sienta como un bobo. He hecho eso por demasiado tiempo. He fingido estar interesada. He fingido una risita. ¿A quién estoy engañando? Ciertamente a ellos no.

Mi familia se ríe más cuando todos estamos juntos. Durante la cena es bueno. Cuando salimos a comprar helado o donas recién horneadas, es un gran momento para contar historias y para hacer locurillas. Amontonarnos en mi cama tarde por la noche puede crear una velada llena de carcajadas. Claro está, que mis hijos se guían por mi estado de ánimo. Si tenemos que reírnos, el que yo esté de malhumor puede arruinarlo todo.

Estos años de madre soltera son pesados. Vaya, podríamos estar tristes por un millón de razones. Pero todo se te va a ser más ligero si te das permiso de reírte con tus hijos. Nunca te rías *de* ellos sino ríete *con* ellos. Tal vez esto sea algo nuevo para ti. A lo mejor ni se den cuenta de que ésta todavía es su mamá, la que tiene una sonrisa en la cara, la que está bailando graciosamente, pero ellos se enamorarán del sonido de tu risa unida a la de ellos. Tu hogar no será el mismo si todos ustedes empiezan a disfrutarse el uno al otro. Los recuerdos pasarán a ser preciosos cuando estén incluidos en ellos los chistes que contaste y las veces en que se rieron tanto que se les salieron las lágrimas.

INVITA A LA GENTE A TU CASA. Desde el primer día en que nos mudamos para nuestro propio lugar, le hice saber claramente a mis hijos que todos sus amigos siempre eran bienvenidos en nuestra casa. Les dije que a la hora de comer, cualquiera persona que estuviese aquí o jugando en el patio, estaba invitado a comer junto con nosotros. No siempre hago planes para esto y entonces uno de mis niños llega corriendo a preguntarme si fulano de tal puede comer con nosotros. He aprendido a no preocuparme acerca de lo que tenemos para compartir y si va a ser suficiente. A los niños realmente no les importa; ellos solamente quieren que sus amigos estén sentados a la mesa. Así que empiezo a cortar todo a la mitad y poniéndoles rodajas de manzana y bananas para rellenar los platos.

Un par de días atrás, acababa de comprar unos tacos, dos para cada niño. (Tengo que terminar de escribir este libro en cierta fecha y por alguna razón los tacos parecen ser más saludables que hamburguesas con papas fritas.) Resultó ser que cuatro niños del vecindario también querían comer, así que cada uno recibió un taco, chips con salsa que tenía en la despensa, y unas rodajas de frutas. Ellos comieron en unos cuantos minutos y poco después todos estaban jugando en el patio, felices y contentos. Si hubiese sido la que era antes, «Tengo que ser la mamá perfecta», me hubiese dado un infarto el no poder darles a los niños una comida más saludable. La nueva mamá, la «Hagamos lo mejor que podamos», quedó un tanto impresionada con la ingeniosidad que había adquirido.

Sé que estos son años muy difíciles en cuanto a las finanzas para muchas de nosotras. No podemos gastar mucho, pero realmente lo más importante es la actitud. Tu espíritu hospitalario es lo que les estás enseñando a tus hijos. Dos o tres latas de sopa de tomate en un tazón bonito con unas galletas pueden alimentar a un grupo de niños hambrientos y probablemente no te llevaría a la bancarrota. Yo siempre enciendo velas y pongo música suave a la hora de la cena. Mis hijos quizás actúen como si no les importara, pero ellos lo notan, y si no lo he hecho todavía, encienden las velas ellos mismos antes de que sus amigos se sentaran a la mesa para abrir la envoltura de sus tacos.

También hacemos muchas comidas compartidas, en las que familias de nuestro vecindario juntan lo que sea que tengan. Mis hijos se sienten como que llegaran a la luna cuando invitamos a la gente así. Les fascina. Nuestra cena junto con la cena de otros, y a nadie le importa lo que comamos. Solamente el estar juntos les da a mis hijos una sensación de paz y seguridad.

Hay algo especial acerca de tener gente en tu hogar. Enseña hospitalidad. Crea recuerdos y un cálido rescoldo para la familia entera. Deja de preocuparte sobre las alfombras viejas y los cubiertos disparejos. Sólo abre tu corazón y las puertas de tu hogar. Tus hijos aprenderán a amar a una variedad de personas y la presencia de ellos hará que tu hogar se vea hermoso.

CELEBRA. Este año mi hijo Grayson está cursando el sexto grado. Además, él no tiene los dientes delanteros. Los dientes de leche nunca se le llegaron a caer, y eventualmente el ortodoncista se dio cuenta de que en medio de los dientes de leche y los permanentes, había tres dientes extra que nadie debería tener. Como unos dos años atrás, Grayson fue sometido a cirugía oral para extraerle los dientes de leche y los dientes extra para así darles espacio a los dientes permanentes para que queden en el lugar apropiado. Bueno, esos dientes deben estar alojados en algún lugar, encima de las cuencas de sus ojos, porque hasta el día de hoy ni siquiera se están apareciendo.

Antes de que comenzara el año escolar, puse al ortodoncista contra una esquina, lo miré directamente a los ojos, apreté mi quijada, y en el tono más intimidante que tenía, le dije: «Consíguele unos dientes a mi hijo. No es nada chévere cursar los primeros años de la secundaria sin dientes. Haz lo que tengas que hacer; simplemente consíguele unos dientes». Completamente seguro en su educación medica, me dijo: «Ya vienen». Han pasado ocho meses, Grayson tiene frenillos, ya pronto va a pasar para el séptimo grado y aun no le han salido los dientes.

Ya te puedes imaginar cómo se puso el corazón de mi madre cuando Grayson entró diciendo que iba a postularse como candidato a presidente del sexto grado. Todo lo que pude pensar fue: *No tienes dientes*, pero todo lo que me salió fue: «Está bien, mi amor, vamos a trabajar en tu campaña. Si tu estás compitiendo para el puesto de presidente, entonces toda la familia está compitiendo contigo». Hicimos una campaña competitiva, regalando diferentes clases de caramelos cada día de la semana en que iban a votar, con una etiqueta que decía algo ingenioso como: «¡No seas un ganso! Vota por Grayson». Hicimos carteles, preparamos un discurso... pero luego Grayson dijo lo que *él* quiso decir y no el discurso que iba a salvar el mundo con las palabras chéveres que yo escribí. Según lo que él cuenta, no habló nada acerca de tener paz en la tierra ni de tener eventos en la escuela para recaudar fondos para salvar a los niños que se estaban muriendo de hambre, tal y como yo le había entrenado. Pareciese como que sólo se paró allí y dijo: «Soy tu amigo. Puedes confiar en mí. Por favor vota por Grayson».

Finalmente llegó el día de las elecciones y esa mañana, para alentarlo, le dije a mi hijo: «Pase lo que pase, yo te quiero muchísimo». Por la tarde, cuando fui a la escuela a recoger a los niños, empecé a buscar a Grayson en la fila donde me estaban esperando. ¿Ganó? Yo tenía miedo de enterarme, temerosa de que él estuviese muy desilusionado.

Todos los niños se metieron al auto y Grayson se sentó enfrente junto a mí. Traté de leerle el rostro, pero finalmente le pregunté tan despreocupadamente como pude: «Bueno, cariño, ¿cómo te fue?» Bajó la mirada y movió su cabeza de lado a lado: «No gané». «¿No ganaste?» Miré a William por el retrovisor y me confirmó: «No ganó».

«Ay, lo siento mi amor. Realmente trabajaste muy duro y la campaña fue divertida. Estoy muy orgullosa de ti», le dije tratando de animar a mi hijo alicaído.

Grayson dijo: «Así es como pasan las cosas, mamá».

Manejamos en silencio, viramos hacia la calle y luego doblamos a la derecha en el semáforo. Cuando habíamos manejado como por una milla, Grayson rompió el silencio y dijo: «Mamá, realmente gané».

«¡¿Qué?!» Ahora no le quería creer.

«¡De verdad gané!» Volteé a ver a William y él se estaba sonriendo de oreja a oreja. «Realmente ganó, mamá. Él ganó. Grayson es el presidente del sexto grado».

«¿De verdad?»

Todos asintieron con la cabeza y sonrieron.

Cuando paramos en el siguiente semáforo, bajé todas las ventanas, abrí el techo corredizo y empecé a gritar. Saqué la cabeza y las manos por la ventana, bailé de felicidad con mi cinturón de seguridad todavía puesto encima y canté el tema musical de los presidentes tan alto como pude. «¡Yupi! Damas y caballeros, aquí está el presidente de todo el sexto grado y yo soy la mamá del presidente». Y así seguí gritando y celebrando la victoria hasta que la luz cambió a verde.

Finalmente me tranquilicé para poder manejar otra vez y volteé a mirar al nuevo presidente electo.

«Es por eso que no te lo dije en la escuela cuando estábamos en la fila», dijo Grayson sin expresión en el rostro.

Me conocen muy bien.

Me encanta que mis hijos sabían que su mamá iba a estremecer la celebración inaugural. Yo estoy hecha para esa clase de cosas. Y de todas maneras, aun pienso que dejo muchas cosas desapercibidas. Yo pudiese celebrarles más con gestos que no cuestan nada: notas especiales en el espejo o panqueques morados para el desayuno. No quiero perderme las victorias pequeñas. Quiero que tengan una mamá que les celebra todo y que les enseña que la vida es muy corta para perderse cualquier cosa maravillosa que nos suceda a cualquiera de nosotros hoy.

Esa noche le dije a Grayson: «Mi cielo, ganaste la elección presidencial sin dientes, imagínate lo que va a pasar cuando te crezcan. ¡Vamos a regir el *mundo*!» Sí, él piensa que estoy chiflada, pero se ve que le gusta.

MANTÉN LAS TRADICIONES DE TU FAMILIA. El año en que me separé y me divorcié, fui un desastre. Y en mi desastre, pasé muchas cosas por alto. Muchas cosas. Después de la Navidad, la maestra de Grayson me habló en el pasillo un día.

«Angela, he sido madre soltera y sé exactamente por lo que estás pasando. También sé que no quieres hacer nada que haga que tus hijos sufran más de lo que ya han sufrido. Pero tengo que decirte que a los niños les duele cuando te ven sufrir así. También fue doloroso para Grayson ver que no decoraste la casa para la Navidad ni hiciste las cosas que hacías en años anteriores para celebrar. Me dijo que no pusiste un árbol de Navidad ni hiciste que las cosas se vieran bonitas como lo hacías antes. Sé que está sufriendo, pero tienes que mantener a tu familia. Estas tradiciones son muy importantes para ellos. Esto más o menos les dice que todo va a estar bien. Les da seguridad y realmente detestaría ver que les quites esto cuando más lo necesitan».

Yo necesitaba oír todo lo que la maestra me dijo, pero yo estaba destrozada. No había tenido la intención de herir más a mis hijos, pero sabía que lo había hecho. Ese año fui una total y absoluta holgazana. Regalos, pero no muchos. Sonrisas fingidas y solamente cumpliendo con las formalidades. Esto los hirió y me arrepentí de haberles causado más dolor, especialmente porque quería hacer todo lo posible para que no sufrieran.

Ya se estaba acercando el Día de San Valentín y no tenía dinero en lo absoluto. Decidí hornearles un pastel de color rojo aterciopelado en forma de corazón porque tenía casi todos los ingredientes, pero como las cosas estaban tan mal financieramente, me acuerdo que fue muy difícil obtener suficiente dinero para comprar tres botellas de colorante alimenticio de color rojo. Hice corazones con papel de construcción y decoré la puerta que usan para entrar a la casa al venir de la escuela. En los corazones escribí lo que me fascina de cada uno de mis hijos. Finalmente, puse serpentinas que me habían sobrado alrededor de la cocina y esa tarde cuando llegaron a casa hallaron una fiesta de amor.

El año siguiente, hice lo mismo con los corazones recortados de papel de construcción. Luego escuché que uno de mis hijos varones le dijo a su amigo: «Sí, mi mamá hace esto todos los años. Ella siempre escribe cosas que le gusta de nosotros. Es una tradición». Quien se lo iba imaginar: Dos años hacen una tradición. Pero pude escuchar que su alarde venía de un lugar fuerte; él se sentía seguro. Así que la tradición quedó. Y le estoy añadiendo más cada vez que pueda.

Justo el año pasado añadimos una nueva tradición. La llamamos Aleluya en el camino de entrada. Fue nuestra versión de la celebración de Halloween [Día de las brujas]. Detesto las cosas que causan miedo, así que ese día siempre ha sido un plomo para mí. Decidí invitar a la gente del vecindario para que vinieran a tomar una sopa de taco que les serví en mi garaje. Los vecinos trajeron comida adicional. Puse luces blancas de Navidad por todos lados. Colocamos dos calentadores de patio en el camino de entrada y los niños se disfrazaron y fueron de casa en casa pidiendo dulces. Como unas ochenta personas vinieron y mis hijos la pasaron superbien. Nada más lo hemos hecho una vez, pero me matarían si no lo hago otra vez. Aleluya en el camino de entrada es oficialmente una tradición familiar.

TOMA VACACIONES, AUNQUE NO TENGAS EL DINERO SUFICIENTE. Antes de que te me adelantes, no quiero que gastes el dinero que no tienes. Sí quiero que planees tener un tiempo en el verano y que lo llames vacaciones. Pide un bote prestado. Usa una casa de un amigo que está cerca de un lago. Usa tus cupones de descuento en el parque de diversiones. *Algo* para convencer a tus hijos de que están tomando unas vacaciones familiares. Necesitan recuerdos y te prometo que esos recuerdos valdrán más que un hospedaje de lujo.

Tal vez lo mejor que puedas hacer es tomarte unos cuantos días fuera del trabajo para tener unas vacaciones en casa. Estas son las ocasiones en que empiezo a usar todas mis conexiones. Una amiga de una amiga que tiene boletos para ir a un juego de béisbol de la liga menor. Otra amiga que nos ponga como invitados en la lista de entrada para la piscina de su vecindario por un día. Que nadie haga quehaceres. Adoptar una mentalidad de vacaciones aunque te tengas que quedar en casa.

Las primeras vacaciones de madre soltera que tomé con mis hijos fueron en una playa. Mi cuñada había alquilado un condominio de dos recámaras para sus cuatro hijos varones. Ella me dijo que yo podía ir sin tener que pagar nada, si no nos importaría dormir en el suelo y cocinar todas las comidas en el condominio. A ninguno de mis hijos les importó. Fue muy divertido para ellos jugar en la playa, estar con sus primos, y comer comida barata que comen en los campamentos para jóvenes, todos los días. Cocinábamos enormes ollas de espagueti, hacíamos tacos y emparedados, y comíamos Rice Krispies Treats de postre. Tomamos fotos y trajimos arena a la casa en nuestros zapatos. Desde ese entonces, nos hemos ido a la playa con los primos cada año. Hay algo en cuanto a pasarla todos juntos, lo cual hace que no nos sintamos tan solteras y extrañas.

Una vez, antes de mi divorcio, empecé una nueva tradición: la comencé llevando a Taylor a un viaje sólo conmigo, cuando cumplió los diez años de edad. Ella tuvo la oportunidad de elegir la ciudad y eligió Chicago. Fuimos al almacén American Girl, comimos comida muy rica y nos fuimos en carruaje por el parque de Lake Shore Drive. Los recuerdos fueron tan especiales para ella que les prometí un viaje similar a todos mis hijos cuando cumpliesen los diez años de edad. Justo después de que me divorcié, Grayson cumplió los diez años. Pensé en que no había forma en que pudiese cumplir la promesa. Pero él había estado hablando de su viaje de «diez años» por tres meses ya. Había elegido la ciudad de Los Ángeles como su ciudad de los diez. Para llegar allá desde Tennessee se sintió como algo imposible, pero de todas maneras decidí intentarlo.

Después de buscar por la Internet, encontré unos boletos de avión de ida y vuelta que costaban 200 dólares cada uno. Nos quedamos en el apartamento de mi amiga y usé todas las conexiones que pude encontrar y obtuve boletos gratis para ir a un juego de baloncesto profesional de la NBA, de los Lakers contra los Bulls. Tuvimos un fin de semana fenomenal, y aparte de los boletos de avión, no tuve que gastar casi nada. Estoy tan agradecida que no me di por vencida y pude hacer que los recuerdos fueran especiales para Grayson. Dios fue bueno con nosotros y realmente bendijo el esfuerzo por hacer una bendición. Este verano le toca a Will. Él escogió la ciudad de Nueva York. No nos vamos hasta en unos cuantos meses, pero ya he hecho llamadas tratando de encontrar conexiones para conseguir boletos para un juego de béisbol de los Yankees. Tengo la esperanza de que un día, cuando mis hijos varones estén viejos y canosos, se sienten juntos en sus sillas mecedoras, afuera en el hogar de ancianos y se rían diciendo: «¿Te acuerdas cuando mamá nos llevó a ese juego?»

Las vacaciones y los tiempos que pasamos juntos como familia, son las clases de recuerdos que sólo se ponen mejor al pasar los años. Sé que estos son años de escasez, pero haz un compromiso a largo plazo.

TRATA CON TU APARIENCIA. Yo creo que tus hijos realmente necesitan esto. Todas nosotras nos podemos mejorar un poquito. Pon un poco de esfuerzo en ponerte a la moda de vez en cuando para dejarles saber que su mamá todavía está en onda. Ellos quieren una mamá chévere que llegue al juego de baloncesto vestida con otras cosas más que con sólo sudaderas y una cola de caballo, viéndose como la mujer más triste, cansada y abrumada de toda la ciudad.

A ellos les encanta cuando te vez linda, así que ¿por qué no tratar?

• • •

A lo mejor nunca has pensado mucho acerca de ser una mamá chévere. Suena muy radical, o te crees demasiado vieja para eso, o la vida es muy dura. Si nunca has pensado en ser chévere, entonces quizás es hora de que pienses en tener un poco de diversión con la gente a quien más amas.

Es mucho más fácil ser la mamá con límites y la mamá soltera dentro de la libertad y el amor de una mamá chévere.

Así que, ¿qué dices? Oye tú, la de los zapatos prácticos, es hora de que te pongas chévere.

mamá financiera

El fin de semana después de que me mude a La Bendición, mis padres vinieron para ayudarme a establecerme y a ponerme en orden. Cuando llegó la hora de que se fueran y nos paramos en el camino de entrada de mi casa, ellos tenían lágrimas en los ojos y mi mamá me dijo: «Angela, no sé cómo vas a salir adelante». Luego mi papá me dio un cheque de 1500 dólares y me dijo: «Sé que no te va a servir para mucho, pero déjanos saber si necesitas ayuda. Todos vamos a tratar de hacer lo que podamos».

Me acuerdo haber actuado valiente, tan agradecida por la generosidad de ellos, pero pensando: *Tampoco tengo idea de cómo voy a salir adelante.* Mi vida había sido reducida a cero. Completamente a cero en todas formas. No tenía nada excepto a mis hijos y un lugar donde vivir, y sin un plan de cómo pagar la renta de cada mes. Tenía una cuenta chequera sin nada adentro, ni en mi «cuenta de jubilación» tampoco, porque no existía. No tenía inversiones. No tenía bienes. No tenía apoyo, no tenía trabajo. En última instancia era yo, era la responsable de proveer para mí y para mis hijos, y dudaba si sólo yo sería suficiente.

Increíblemente, ya han pasado seis años desde ese día, y nunca tuve que pedirles dinero a mis padres. Aun así, ellos nos han dado tanto para ayudarnos. Nos compraron comestibles cuando yo no estaba en casa. A menudo se llevaban a los niños para comprarles zapatos o un par de pantalones nuevos. Un año, les compraron materiales para la escuela. Sé que se han preocupado mucho por mí. Creo que por lo menos tres a cuatro años se fueron a dormir orando que nosotros no nos estuviésemos muriendo de hambre. Nunca nos faltó nada para comer, ni por un momento, pero estábamos más pobres que la mugre. Yo simplemente no le decía a nadie. Mi papá me preguntaba: «¿Necesitas algo?» Y realmente nunca necesité nada. Algunas veces solamente tenía un dólar de sobra, así que estaba cerca, pero nunca tuve necesidad.

Mis padres no eran los únicos que nos ayudaron financieramente. Otras personas nos enviaron cheques de sorpresa por correo, probablemente sin saber cuán indigente estaba y cuánto nos ayudaron esos regalos que nos enviaron al azar. Como unas tres veces me he ido al correo y encontrado sobres con dinero en efectivo de alguien que, hasta el presente, no tengo ni idea de quien fue. Mi amiga Lisa vino y me dijo que yo tenía que sembrar unas flores. Le dije que las flores eran nimiedades y que tal vez no íbamos a sembrarlas ese año. La semana siguiente regresé y encontré que tenía un hermoso jardín de flores primaverales. Su familia entera se tomó uno de sus sábados para sembrar una bendición de nimiedades.

Tengo amigas tan maravillosas. Algunas nos han traído comidas extras o nos han llevado a almorzar los domingos. Cada acto de generosidad nos llegó justo en el tiempo en que necesitábamos un poco de aliento.

Aunque pude haber llamado a mis amigas o a mi familia si las cosas se hubiesen puesto graves, al final del día sabía que sólo era yo. Una madre soltera real, con cuatro hijos que criar y sin trabajo de tiempo completo, pero con muchísimos años por delante.

Una parte de mí quería estar aterrorizada; la otra parte de mí decidió pararse y hacer lo que tuviese que hacer para cuidar de mis hijos.

Confiando realmente en Dios

Es una cosa decir: «Confío en que Dios nos va a cuidar». Es otra cosa completamente diferente vivir en esa confianza. Toda mi vida he hablado acerca de confiar en Dios y creía que realmente lo hacía. Pero antes de convertirme en madre soltera, siempre tenía dónde apoyarme. Yo estaba «confiando» en cierta manera, pero usualmente tenía un plan de respaldo por si las cosas no resultaban bien. Esta vez, no tenía un plan de respaldo; la verdad es que no tenía ningún plan. De alguna manera, tenía que crear uno.

Había buscado la voluntad de Dios y Su provisión casi todos los días de mi vida. El haberme convertido en madre soltera con cuatro hijos no cambiaría eso. Si yo iba a volver a empezar, me iría con Dios en la jornada. Quería ver el plan de Dios desenvolverse para nosotros. Yo sabía que mi cuerpo estaba sano, que mi mente estaba alerta y que podía hacer un sinnúmero de cosas para ganar dinero. Pero ¿cómo podría hacer suficiente y cuidar de mis niños y administrar un hogar? No tenía ni idea.

Así que le dije a Dios que haría cualquiera cosa que Él me enviase para proveer las finanzas. Día tras día, oré y le prometí que trabajaría duro, que iba ser fiel, y le rogué que me abriera puertas para poder cuidar de mí y de mis hijos. Cuando quedé siendo madre soltera, todavía tenía dos hijos que aun no estaban en la escuela. Trabajo completo, guardería infantil, cuidado para después que salen de la escuela, viajes, continuar con mi educación... No podía juntar todas las partes del rompecabezas y nada tenía sentido acerca de cómo podría haber la posibilidad de que yo fuese la única proveedora. *Dios, ¿cómo vas a cuidar de nosotros?*

Te parecerá como una locura, pero aunque yo no tenía un plan, muy dentro de mí tenía una sensación de seguridad. Dios siempre me ha cuidado. Miré hacia atrás a los últimos treinta y ocho años, y vi Su provisión y protección. Decidí confiar completamente en Su fidelidad consistente. Así que cada una de mis lecciones financieras ha venido a través de la oración, buscando y esperando, a menudo más de lo que ninguno de nosotros hubiese elegido.

Mis lecciones financieras

CUANDO LA VIDA TE REDUCE A CERO, VE. No quería creer que lo que me estaba sucediendo era verdad. Probablemente tenía la esperanza de despertarme o de que de alguna manera u otra iba a ser rescatada de esta pesadilla financiera. Pero la realidad era que no tenía ningunos recursos. Hubiese podido fácil y tercamente descartar la gravedad de mis circunstancias y me hubiese metido en pilas de deudas. Me hubiese podido convencer a mí misma que los niños no deberían «sufrir» sólo porque sus padres se divorciaron. Me hubiese dicho a mí misma que yo me merecía algo mejor, o que una ganancia financiera imprevista me iba a caer pronto de algún lugar. En vez de eso, decidí irme a cero. Deja de gritar y patalear por dentro y ve allí y construye desde allí. Miré las opciones que tenía y trabajé tan duro como podía, cada vez que pude.

NO TEMAS TENER MENOS. Probablemente podría criar a mis hijos en un par de tiendas de campaña, cocinando sobre una estufa de campamento y bañándonos en el río. Gracias a Dios, mi vida de madre soltera nunca ni siquiera me he acercado a los días de los pioneros, pero aquellos dos primeros años requirieron que yo redujera y que aprendiera a vivir con menos. Por alguna razón tememos tener menos, como si nos fuera a hacer daño. Estoy aquí para decirte que tener menos no duele. De hecho, tener menos no nos hizo daño para nada. Somos mejores personas por los años en que el tener nada lo dimos por sentado. Salir a comer era algo muy especial. El cine de un dólar era el único cine al que íbamos. Una mochila nueva era una recompensa. Pasar un día en el lago se sentía como una semana de vacaciones.

Te prometo que tener menos no te va a matar. La mayor parte de la batalla está en tu mente. Una vez que no le hagas caso en tu mente y dejes que tu corazón se entregue a la verdad de donde estás, estás en camino a reconstruir tu vida.

Muy prácticamente, he decidido empezar solamente con las necesidades básicas de la vida. Mirando atrás a los documentos de mi primer año, estos fueron los gastos básicos para vivir:

- La renta, cuentas de la luz y el agua
- Comida esencial, gasolina y artículos para el baño
- El pago del auto, solamente porque necesitamos transporte
- Seguro médico, del auto y suficiente seguro de vida para mantener a los niños
- Gastos escolares, almuerzos, etcétera
- Teléfono celular
- Gastos para la ortodoncia
- Deudas previas de las tarjetas de crédito
- Gastos de hospital para la cirugía de uno de los niños
- Diezmos

El gustito que me di fue suscribirme al periódico diario.

En el presupuesto no había lugar para entretenimiento. No comíamos fuera, no íbamos a los parques de diversión. No teníamos vacaciones y ni siquiera teníamos dinero ahorrado al principio. Vendí nuestra ropa usada y usé el dinero para comprarles a mis hijos ropa para la escuela. Quería empezar esta nueva vida siendo realista acerca de nuestras necesidades actuales y no tener miedo de vivir con menos.

Unas de las cosas que nunca recorté de mi presupuesto fueron mis diezmos. Cuando ganaba algún dinero, primero sacaba el diez por ciento para el diezmo y después hacía el presupuesto con el resto. Realmente quería ver qué haría Dios si hacíamos lo que Él nos pide que hagamos. El diezmo era para mí la manera de honrar a Dios por la provisión que Él me había dado. Con lo poquito que teníamos, puedo decirte honestamente que nunca he extrañado ni un quinto de lo que he dado.

NO GASTES LO QUE NO TIENES. Esta es la lección financiera más antigua que existe, pero nuevamente, es una cosa decirlo y otra completamente diferente vivirlo. Para protegerme de la tentación de gastar lo que no tenía, decidí no tener tarjetas de crédito, sólo de débito. Yo sé; algunas personas tienen tarjetas de crédito y pagan el balance total cada mes. Pero no quería tener escasez un mes y no poder pagar parte del balance esa vez. Más que nada, quería salirme de deudas y no adquirir ni una más, nunca más, mientras viva.

Detesto las deudas con pasión. Yo entiendo que hay emergencias médicas y otras circunstancias terribles donde se requiere que uno caiga en deuda. Hasta he conocido a gente que ha empleado una deuda para crear un negocio exitoso o una forma de ingreso. Pero yo no puedo lidiar con esa clase de estrés. Yo quería estar libre de deudas y vivir en esa libertad. Me gusta la parte libre de la vida mucho más que la endeudada. La vida es mucho más divertida aun cuando no se tiene mucho, si no se tiene deudas. Cuando finalmente me salí de deudas, fue como si ese sentimiento de estar continuamente enferma se hubiese ido con el último cheque que envié por correo. Las cadenas de la «prisión de las deudas» se rompieron.

No gastar lo que no teníamos significaba que mis hijos no conseguían cada cosa moderna que todos los otros niños tenían. Significaba que yo pedía ropa para trabajar como regalos para mi cumpleaños o para la Navidad. Tomamos vacaciones con miembros de la familia que nos dejaban ir con ellos, compartir los gastos, y dormir en el suelo. Otros niños compraban almuerzo de la cafetería; nosotros traíamos emparedados y papas fritas de la casa.

También tuve que dejar de hacer comparaciones. No podía mirar a otras mujeres de mi edad, casadas y con hijos, ni comparar sus vidas con las nuestras. No podía decirme a mi misma: «A mi edad yo debería tener más». Si yo me hubiese permitido hacer eso, hubiésemos ido al pozo.

La mayoría de mis amigas tienen vidas aburguesadas y cómodas, y cuando mi vida explotó, sus vidas siguieron igual. Hubiese sido ridículo compararme con ellas o desperdiciar mi tiempo deseando lo que ellas tenían. Yo tuve que decidir en ese instante qué clase de mujer yo quería ser en mi interior. No quiero vivir con envidia ni amargura. Los celos se comen al alma. Así que en vez de eso, me he divertido regocijándome por las bendiciones de mis amigas que son madres casadas. Gritando «¡Yupi!» en voz alta cuando sus esposos consiguen un aumento de sueldo, o bailando en sus casas nuevas, genuinamente emocionada por sus familias.

Estoy en un lugar diferente. Dios me está cuidando de una manera diferente, y yo sería una mujer loca si me comparo o trato de adquirir lo que la otra gente tiene.

Una de las mejores decisiones financieras que he tomado fue comprometerme a no gastar lo que no tenía.

ESTABLECE UN FONDO DE EMERGENCIA PRIMERO. Dave Ramsey, quien escribió *La transformación total de su dinero*, probablemente salvó mi vida financiera. Esta lección es de él, impartida a mí por los años de haber escuchado su programa de radio en el cual el comparte sus consejos con radioescuchas que tienen preguntas acerca del dinero. Cuando quedé siendo madre soltera, me acordé que Dave le dice a todo el mundo que establezca un fondo de emergencia primero. Yo pienso que ese hombre es genial. Ahorrar el dinero te quita la presión de encima y te prepara para enfrentar cualesquiera necesidades financieras que te lleguen.

Dave sugiere un fondo de emergencia, *sólo* para emergencias, entre 1.000 a 1.500 dólares para empezar. Y el dinero no se puede tocar si es que existe alguna otra forma para pagar por un artículo o un gasto que no es de emergencia. (Yo creo que empecé mi fondo con unos 100 dólares que me habían regalado.)

Dave también dice que hagas el mínimo de pagos de las deudas que tengas hasta que hayas establecido el fondo de emergencia. Hice tal y como él dijo, añadiendo al fondo cada vez que podía. Cuando finalmente junté los 1.000 dólares, el dinero se convirtió en una fuente de seguridad financiera para mí. Nunca toqué el fondo de emergencia y eventualmente, después de que pagué todas mis deudas, seguí añadiendo al fondo hasta que creció (aunque lentamente) hasta llegar a incluir varios meses de mi salario en caso de que algo me llegase a suceder.

PAGA TODO COMO UNA MUJER SALVAJE. No sé si Dave lo diría de esa manera, pero estoy segura de que estaría de acuerdo. Después de que hayas establecido el fondo de emergencia, concéntrate en cada deuda que tengas (él dice que empieces desde la más pequeña hasta la más grande) y haz todo lo que puedas para pagarla lo más pronto posible.

Me tomó casi cinco años salirme completamente de deudas. Eso incluyó las tarjetas de crédito, las cuentas médicas, la ortodoncia, gastos ridículos que me llegaron a causa del divorcio, y cualquier cosa en mi vida que tuviera un plan de pago. Todavía tengo una hipoteca, pero esto es diferente a los gastos generales. De todas formas, la hipoteca es la que sigue en mi lista de objetivos. Estoy tratando de cancelarla en los próximos cinco a diez años.

UN CUADERNO DE RAYAS AMARILLO SERÁ SUFICIENTE. La mayoría de nosotras piensa que necesitamos un planificador financiero para organizar nuestros detalles económicos. Como madre soltera, no tengo tantos detalles, sólo cuentas que pagar y deudas que atacar. Como no quiero perder el control de lo que tenemos que hacer cada mes, me he mantenido organizada con un cuaderno de rayas amarillo por los últimos seis años.

En la parte izquierda de la página hago una lista de cada una de mis cuentas en líneas separadas y lo que debo cada mes. En la parte de arriba pongo todos los meses del año. Cada vez que pago mi cuenta, la marco como pagada en el mes correspondiente, con gran satisfacción y agradecimiento. También mantengo un balance al corriente en la parte de abajo de la página, por cada deuda que tengo. Esos totales me dejan saber qué es lo que todavía necesito hacer para llegar a ser libre.

El cuaderno de rayas me ayuda a ver todas mis finanzas en su totalidad cada vez que pago las cuentas. Puedo ver lo que todavía me falta pagar ese mes, para así no gastar mal el dinero y quedarme corta. La página también se ha convertido en un testimonio de la fidelidad de Dios hacia mí. Recuerdo que a principios de un año, me quedé paralizada mientras miraba todos esas casillas preguntándome de adónde es que iba a salir todo ese dinero. A finales del año, estaba sentada mirando cada casilla en la cual había marcado PAGADO y lloré. Trabajé en todo lo que Dios me dio y Él fue fiel al proveer para que yo pudiese pagar cada una de mis cuentas.

El año siguiente escribí el la parte de arriba del cuaderno de rayas: «Mira cómo Dios va a proveer... ¡Otra vez!»

PÁGALO POR ADELANTADO. Cobrar el salario el primero y el quince de cada mes debe ser la cosa más genial. No tengo ni idea de cómo se siente eso. El trabajo que Dios me dio es el más aleatorio que existe. Yo trabajo cuando la gente me pide que sea la oradora en su evento o cuando una editorial le gustaría tener un libro nuevo. A principios de mi vida como madre soltera, ninguna de esas cosas pagaban bien, pero en total, con unos cuantos trabajitos, fue suficiente para mantenernos a flote.

Como a veces pasaban dos meses o más sin recibir dinero, aprendí a «pagar por adelantado» las cuentas. Tomaba mi chequera, pagaba la cuenta para ese mes y entonces extendía el adelanto o el cheque del evento, lo más que podía hacia las cuentas del próximo mes. En realidad pagaba el gasto por adelantado, escribía el cheque, y lo enviaba, sólo para que después no pudiese cambiar mi decisión.

Con un adelanto de pago por un libro pude pagar cuatro meses de cuentas y usé el dinero de eventos para reducir mis deudas. Dio la casualidad que esos cuatro meses fueron durante las celebraciones del día de Acción de Gracias y de la Navidad. No hay muchos eventos durante esos meses para oradores como yo, así que haber pagado todas las cuentas por adelantado me quitó la presión de encima. Los regalos de Navidad fueron escasos, pero pagar las cuentas y no meterme más en deudas era más importante para mí que otro regalo que pasaría pronto al olvido.

También me fascinaba marcar PAGADO varios meses de renta o pagos del automóvil. ¡Ay, eso cómo me ayudó a dormir por las noches!

Como soy trabajadora autónoma, escribía cheques al Servicio de Recaudación de Impuestos para pagar mis impuestos trimestrales apenas recibía un cheque, por la cantidad que pudiera pagar en ese momento. Quería deducir esa cantidad de mi chequera inmediatamente. Luego enviaba *todos* esos cheques juntos para hacer el pago trimestral. Nadie me llamó del Servicio de Recaudación quejándose por haberles enviado varios cheques para pagar mis impuestos. Me imagino que estaban felices por el sólo hecho de que el dinero estaba en el banco.

Me resultó bien pagar por adelantado ya que estaba aterrorizada, con miedo de que un día todos mis eventos se cancelaran al mismo tiempo y me quedara sin nada. También parecía que era la mejor manera de usar el dinero que Dios me había dado. No quería despilfarrar Su bondad cuando todo estaba tan apretado y el presupuesto estaba muy estricto. Después de todos estos años, ya no tengo temor. Verdaderamente he recibido la fidelidad de Dios y esas lecciones me han enseñando a confiar. Pero todavía pago mi hipoteca, el odontólogo, nuestras vacaciones y otros gastos que surjan, por adelantado. No nos vamos de vacaciones si no puedo pagarlas antes de llegar. Ahora me es divertido pagar algo lo más pronto posible ¡y esto hace que las vacaciones sean mas pacificas para mí también!

ALMACENA TODO SI NECESITAS HACERLO. Siempre me hace sentir pobre si se nos acaba el papel higiénico y no tenemos más. No sé por qué, pero ir buscando el último rollo de papel, siempre me pone triste. Después empiezo a compadecerme de mí misma, pobrecita mamá soltera, sin ni un rollo de papel higiénico y sin un hombre que vaya a la tienda a comprar uno. Tonto, lo sé, pero cierto.

Mi amiga Lisa vino a mi casa una tarde y abrió el armario de almacenaje que tengo en el garaje. Lo tengo lleno hasta el tope con bastante papel higiénico, papel toalla, detergente para lavar la ropa, suavizador de telas y jabón líquido para el lavaplatos. Ella gritó desde allí hasta la casa: «¿Qué hace todo esto en el armario?»

«Lo estoy almacenando».

«Te va a tomar un año para usar todo esto», dijo ella jadeando.

«Lo sé, pero me siento pobre cuando se me acaban las cosas y no puedo comprar más».

«Yo te daré papel higiénico si lo necesitas», me dijo.

«Bueno, ese es más o menos el punto al que me estoy refiriendo. Ninguna mujer de cuarenta años con cuatro hijos quiere estar pidiéndole a su amiga que le dé papel higiénico. Almacenaje es lo que funciona para mí. No tengo nada en el banco, pero con una cantidad de papel higiénico que me dure todo un año, siento como que voy a salir adelante».

«Eres rara».

«Lo sé».

Sí, almacenaje es lo que funciona para mí. Y todavía me funciona. Como unas tres veces al año, voy a bodega de descuentos y compro todos los productos básicos que ayudan a mantener el buen funcionamiento de nuestro hogar. No permitas que te empieces a sentir triste y en desventaja. Tal vez otra cosa sea lo que te provoque ese sentimiento de desaliento. Usa el juego del pago por adelantado para evitar tus propias situaciones personales. Estos son los días en los cuales necesitas mantener tu cabeza en alto. Y no hay nada como un armario lleno de papel higiénico para hacerte pensar que puedes vencer al mundo.

HAZ CUALQUIER TRABAJO QUE DIOS TE PROVEA. Te dije que después de quedar siendo madre soltera, oré y le dije a Dios estas palabras exactas: «Señor, haré *cualquier cosa* para poder cuidar a estos niños. Si me das trabajo, lo haré».

El verano después de que nos mudamos en La Bendición, todo el trabajo se me acabó. El adelanto de pago que me dieron por un libro había pagado por adelantado todo lo que podía pagar. No había eventos en mi calendario hasta mediados de otoño. No tenía nada. Todos mis hijos estaban de vacaciones de la escuela, así que no tenía a nadie que me los cuidara durante el día. Apenas me di cuenta de lo que estaba sucediendo, empecé a orar nuevamente esa oración: «Dios, haré cualquier cosa».

Unas cuantas semanas después, una amiga me llamó y me ofreció un trabajo. Yo creo que ella inventó ese trabajo sólo para que yo pudiese tener ingreso, pero de su corazón misericordioso, me llamó y me pidió que trabajase para ella, seis fines de semana ese verano, mientras los niños estaban con su papá. Ella pagó por mi viaje y por todos los gastos que tuve para ir adonde ella estaba. Entonces me pagó por esa semana más de lo que yo hubiera ganado trabajando tiempo completo por dos semanas si hubiese podido encontrar un trabajo regular en alguna parte de mi ciudad. Yo le había dicho a Dios que haría cualquier cosa y era obvio que Él me envió trabajo cuando mi amiga me llamó.

Lo único fue que yo tenía que descargar un camión, organizar la mercancía, vender por dos días, hacer el inventario de lo que no se vendió, volver a empaquetar, volver a cargar el camión, y luego viajar de regreso a casa. Era trabajo físico; yo podía hacer eso. Era intensivo en cuanto a la venta y la gente; yo podía hacer eso con los ojos cerrados. Pero yo era una autora y mis asesores no creían que se vería bien que vendiera mercancía. Pensaron que podría dañar mi carrera profesional. Sabes, el trabajo probablemente no «parecía» como algo que una autora debería estar haciendo y no tengo la menor idea de si dañó mi carrera profesional. Pero las personas que se estaban preocupando por esto no habían orado diciéndole a Dios que harían cualquier cosa para proveer para sus niños. Yo había orado sin cesar y sé que Dios me dio un trabajo con un buen salario cuando no había nada más. Hice lo que Dios me proveyó sin arrepentimientos.

No le puedes decir a Dios: «Haré *cualquier cosa*» y luego decidir: «Bueno, *eso* no era a lo que me refería». Dios recompensa el trabajo duro y la perseverancia. Él te llena de bendiciones cuando te humillas y haces lo que sea necesario. Honestamente, es esa la mentalidad que distingue a la mujer increíble de la mujer quejumbrosa. La mujer increíble siempre está aprendiendo, es optimista acerca del futuro y está dispuesta a rebajarse por las personas a quien ama. Mientras que esté en esta tierra, haré lo que sea necesario para así proveer para estos niños. Yo puedo descargar camiones, cortar el césped, o tomar tres trabajos adicionales, si eso es lo que necesito hacer para poder cuidarlos.

• • •

Ser la mamá financiera es una carga enorme que llevar. Para ponerlo de una manera sencilla, es terrible. Pero se puede hacer. Podemos aprender a ser mujeres con sentido común, que saben cómo vivir con menos y hacer que dure más allá de lo que debiera.

mamá con pretendiente o no

Hace un tiempo atrás, entré a un restaurante en la costa Oeste de Estados Unidos para una reunión de negocios, y parado en la entrada estaba uno de los hombres más guapos que he visto en mi vida. Él tenía puesto un saco, llevaba la corbata suelta y tenía el cabello corto, estiloso y levantadito. Traté de no quedármele mirando, pero ¡Caramba! Estaba tan alto y atractivo, ¿y ya dije que se veía superbien?

Después de un rato, él se acercó al grupo de personas con quienes yo estaba esperando y empezó a conversar con nosotros. Hizo preguntas geniales y nos contó acerca de su trabajo en la industria cinematográfica y su vida en la gran ciudad, y el viaje misionero que recién hizo a la India. ¡Ah! De todas las cosas. ¡Yo acababa de llegar de un viaje misionero también! Era su quinto viaje misionero y eso ya fue suficiente como para llamarme la atención completamente. Él era inteligente y tenía un corazón servicial. Y escucha esto: vivía muy cerca de donde estábamos en un condominio desde el cual se podía ver el Océano Pacífico. ¡Válgame! *Pellízcame que esto es demasiado bueno.*

A todos nos gustó. En realidad, al decir eso me quedo corta: no podíamos creer que el hombre era real. Las muchachas me estaban codeando, mientras que yo le sonreía cortésmente y trataba de aparecer como la persona más inteligente, divertida, sin la cual él no podía seguir viviendo. Estoy segura de que me veía tonta.

Antes de que él se fuera, me preguntó cómo se podría comunicar conmigo. Le di la dirección de mi sitio en la Web. Así es, no le di ni mi número de teléfono ni mi correo electrónico. Soy una mujer adulta y él era un extraño. No le puedes dar tu número de teléfono a extraños así nada más. Así que traté de ser madura.

Cuando el Hombre guapo y atractivo se estaba yendo, me dijo enfrente de todo el grupo: «Tal vez vaya a tu hotel y me pare en el vestíbulo esperando a que bajes para poder verte otra vez». Estoy segura de que me sonrojé y me derretí por dentro, con la esperanza de que realmente lo hiciera. Todas nosotras nos quedamos paradas allí, tratando de imitar a modelos hasta que salió del restaurante. Pero apenas se fue, caímos en pedazos. Las mujeres me dijeron: «¡Olvídate de esta reunión! ¡Ve y consíguete a ese hombre!» Uno de los hombres me dijo: «Esa es la clase de hombre que hace que los hombres que están en el cuarto quieran meterse gateando a una cueva y morir». Los otros hombres dijeron: «¿Qué es lo que acaba de suceder?»

Yo no estaba segura de lo que acababa de pasar, pero fue increíblemente divertido, y un poco mágico. Me hizo pensar que acababa de conocer a un hombre fenomenal en el cual valdría la pena invertir tiempo.

Y hablando de tiempo, sí pasó rápido. Mucho tiempo. Unos cuantos días. Y luego un par de semanas. Finalmente, la gente dejó de preguntarme si sabía algo de aquel hombre del restaurante. Ni un ruidito. Nada. Sólo sentí esa cosa en el estomago que se siente cuando uno pensaba que una cosa era fabulosa, pero que obviamente no resultó en nada. Y es un poco vergonzoso. Entonces, gente bienintencionada me dice: «Probablemente es un anormal». Quizá no lo era, pero nunca se comunicó conmigo y me sentí como una estúpida.

Avanza unos catorce meses, no estoy bromeando: catorce meses largos y horribles, y un día, de la nada conseguí un correo electrónico que me envió la mujer que recibe la correspondencia que llega a mi sitio Web. En la línea que indica el asunto del mensaje estaba el nombre del restaurante y mis rodillas se volvieron mantequilla. Era él. El hombre guapo y atractivo. Y quería saber si yo me acordaba de él. ¿Acordarme de él? Yo casi lo detestaba por haber sido tan bueno conmigo para evaporarse después.

Le escribí unas cuantas líneas y le dije que no se apresurara en responder, pues no esperaba que me respondiese sino hasta en un par de años. A él le pareció muy divertido lo que dije. Yo soy divertida y fui divertida en el restaurante, y él ya se había perdido catorce meses de diversión. Así que fui muy cautelosa. Pero honestamente traté de justificar su conducta de mil maneras. Tal vez estaba involucrado en una relación cuando lo conocí el verano pasado. A lo mejor estaba pasando por un divorcio. Quizá... toda clase de cosas podrían explicar por qué no había escrito en tan largo tiempo. Pero ahora me envió seis o siete fotos y me escribió varios correos electrónicos largos diciéndome qué hace cada día y acerca de su corazón hacia Dios. Me dijo que la noche en el restaurante yo me había apoderado del cuarto con mi belleza y mi energía viva y fresca. Ya me sentía que lo estaba perdonando. Él quería venir a escucharme en alguna de mis conferencias. Pensé que eso sonaba poco arriesgado.

Así que le envié un correo electrónico para decirle acerca de mis hijos. Los cuatro. Le escribí: «Aquí está la parte en que puedes tener la libertad de no volver a escribirme. Cuatro son muchos. Estoy loca por mis hijos, pero te puedes retirar cortésmente y está bien». Él nunca se había casado ni tenía hijos. Pero en vez de retirarse ese día, me llamó de inmediato y hablamos por teléfono por dos horas. Yo estaba impresionada con el corazón que él tenía. Me hizo reír. Planeamos que viniera un par de semanas después para escucharme en una conferencia.

Entonces hice lo que cualquier otra mujer en Estados Unidos haría: Llamé a mis amigas y les conté del hombre de mis sueños. También me compré un conjunto de chaqueta nuevo para el evento y me teñí el cabello el día anterior y probablemente no dormí bien pensando acerca de cuán divertido podría ser este hombre. Esa clase de anticipación tonta es tan emocionante, pero ahora sé por qué es mayormente para las chicas universitarias que están perdidamente enamoradas. Esto hace que uno se canse.

Así que el día finalmente llega. Él me llama la noche anterior. Hacemos planes. Llama el mismo día del evento. Todo está bien. Luego llama otra vez. A lo mejor llegue tarde. Algo sobre una crisis en el negocio que sonó legítimo. Más llamadas, y él no sólo va a llegar tarde, sino que vamos a tener que encontrarnos después del evento. Estaba desilusionada, pero está bien, yo entiendo. Luego, otra llamada. Se está haciendo demasiado tarde. El Hombre Atractivo me dice: «¿Por qué no te vas al hotel y me llamas cuando te levantas en la mañana?»

«Me voy a levantar temprano», le digo, «Y no quiero despertarte, así que ¿por qué no me llamas cuando te levantas?»

«Está bien, te llamaré por la mañana. Que duermas bien», me dice él.

«Buenas noches. Te hablaré mañana», le digo yo.

Y hasta el día de hoy, nunca más supe de él. A menos que el hombre se haya muerto mientras estaba dormido, pienso que ese fue el plantón más descarado que me hayan dado en toda mi vida. Me sentí como una estúpida por haber sido tan tonta en cuanto al hombre alto y guapo. Y yo tenía un conjunto de chaqueta nuevo y todo.

Han pasado como unos seis meses ya, y tengo una perspectiva un tanto mejor. El Hombre del Restaurante era obviamente un desastre y Dios, al mantenerlo lejos, protegió mi corazón para que no sufriera más dolor y mi vida para que no hubiese más caos.

Hombres adultos con mentes saludables no actúan de esa manera. Honestamente, estoy agradecida por la experiencia. Pero aun más honestamente, todo lo que pasó fue aplastante. Quiero decir, cuando los días estaban pasando y todavía no me había llamado, supe en mi mente que lo que estuviera ocurriendo en su vida, en realidad no se trataba de mí. No habíamos pasado tiempo juntos, y cada llamada había sido interesante y divertida. Pero *sentí* como que si hubiese sido acerca de mí. Fuera lo que fuera, fue un rechazo total y ¡ay, cómo dolió!

O a lo mejor finalmente contó hasta cuatro y esto espantó por completo esa llamada que me iba a dar de vuelta.

Me hubiese gustado poderte haber dicho que esa fue mi única mala experiencia. Ha habido otras citas que me han destrozado el corazón, pero no muchas, gracias a Dios, porque no he tenido relaciones serias desde que quedé soltera otra vez. Así que, en cuanto a ese tema...

Aprendiendo a tener pretendientes otra vez

Cuando mi divorcio finalizó, creo que le dije que sí a todos los hombres que me invitaron a cenar, sólo para recobrar un poco de una especie extraña de autoestima. Pero ese método pronto perdió su atractivo y rápidamente decidí que preferiría estar en casa con pantalones de gimnasia, desherbando el jardín, tarareando felizmente una melodía, con la esperanza de que cosas maravillosas vendrán en el futuro, en vez de estar sentada frente a otra persona más, con la cual yo sabía que no había conexión en lo absoluto.

Pensarías que sabríamos estas cosas desde el principio, pero me tomó varios meses para aprender que no podía ir del gran sufrimiento y dolor que tuve en años anteriores a esperar que sería una mujer saludable y que saltaría a una relación saludable. Estaba hecha un desastre total y me aterraba el sólo hecho de pensar en tomar una decisión sobre una relación basándome en esa clase de dolor. Así que decidí no tener pretendientes por un año. Ese año pasó y en mi corazón sucedieron muchas cosas fabulosas, pero todavía necesitaba mucha sanidad. Así que me comprometí a no tener pretendientes por otro año más. Finalmente, al final del segundo año, decidí que si alguien me invitaba al cine o a cenar, yo iría.

En el transcurso de los años siguientes, a la verdad fui a cenar con unos hombres fabulosos. Realmente sensacionales, intelectuales, divertidos, y muy inteligentes. Pero no he tenido una relación seria en todo este tiempo. Si tuviese que adivinar el por qué ninguno de estos hombres se convirtieron en una relación, yo diría que cada uno de ellos, en su propia manera, no fue capaz de lidiar con mi vida ni con mis hijos. Así que la mayoría de esos hombres geniales eventualmente dejaron de llamarme. Eran demasiado corteses o demasiado temerosos para decirme que no tenían amor suficiente como para cinco personas.

Duele cuando un hombre a quien disfrutas te deja de llamar. Pero en esta forma extraña de aprender, ha sido bueno que yo pasara por esta desilusión unas cuantas veces. Hasta aquel hombre atractivo de la gran ciudad, a quien se le olvidó llamarme a la mañana siguiente, ha sido parte de mi crecimiento. He aprendido bastante. He sido protegida de sentirme cómoda con alguien y de luego tomar la decisión de casarme sólo por comodidad o por conveniencia. Dentro de mí, tengo una lucha personal sobre tener pretendientes o no. Pero sé que el proceso de poner mis pensamientos en orden me está haciendo más fuerte y más sabia.

Por cierto he llegado a saber unas cuantas cosas: Uno, esta es la mejor vida que jamás haya conocido. Estoy en un buen lugar y no estoy desesperada. Estoy muy satisfecha de esperar por un hombre muy bueno que tenga un corazón muy grande. Dos, aun no he conocido al compañero por el cual he estado orando. Ninguno de los hombres a quienes se les olvidó llamarme era El Hombre para mí. Él todavía está allá fuera. Y tres, aunque no llegue a conocer a alguien en los próximos diez años, mi corazón está lleno de anticipación por la compañía. Hasta ese entonces, estoy comprometida a ser una mujer increíble con una vida increíble.

Tengo mucho para mantenerme ocupada. Hijos que criar, un hogar que embellecer, un corazón que quiere disfrutar cada día y prestar atención a las bendiciones. Hay personas a quienes servir y un mundo enorme para ver. Mientras espero por su amor, no voy a esperar para empezar a vivir.

Por último, estoy aceptando más y más el lugar en que me encuentro, sin tener una relación con un hombre increíble. Realmente pienso que es mejor así para mí y para mis hijos. Y casi me he convencido de que puede ser ventajoso para nosotras criar a nuestros hijos solas sin los problemas de los padrastros y de las familias combinadas. Si llego a conocer a alguien para poder compartir mi vida después de que mis hijos sean adultos, eso sería crema endulzada vertida sobre la vida fabulosa que ya tenemos juntos.

Pero no sería bueno que te engañara. He sido diseñada femenina. Anhelo ser abrazada. Deseo ser deseada por un hombre que deseo. Me encantaría que alguien me cuidara. Me canso de ser fuerte y detesto tener que tomar decisiones importantes yo sola. Fui creada para ser amada por un hombre. Yo sé eso. Lo reconozco. Pero por ahora, no es así. No tengo prisa, pero estaría mintiendo si no te digo que sería fabuloso tener a alguien con quien compartir una cena, un cine, o una conversación telefónica al final del día.

Así que mis lecciones de tener pretendientes o no, me han llegado en el torpe esfuerzo que hice para encontrar un equilibrio. Muchas me han llegado en momentos de sufrimiento y otras por finalmente ser valiente. Pero me complace anunciar que no detesto a los hombres. Los disfruto muchísimo y un día va a ser divertido amar bien a uno de ellos. Hasta ese entonces, sólo estoy tratando de tener buenos pretendientes y de disfrutar cada interacción y cada momento.

Mis lecciones de tener pretendientes o no

NECESITAS TIEMPO PARA SANAR. Tal vez no necesites dos años como yo, pero si no te tomas el tiempo que necesitas para sanar, vas a traer tu corazón herido a otra relación. Puedes tener la esperanza de que el próximo hombre sea la respuesta, para entonces traer más desilusión a tu vida y tal vez herir más a tus hijos en el proceso.

Si te comprometes a sanarte antes de tener pretendientes, entonces eliminarás una de las más grandes distracciones para la recuperación de tu corazón. Tienes la oportunidad de descubrir quién eres en realidad y quién deberías ser, sin que te pierdas dentro de la próxima relación. No tienes que batallar con la preocupación de lo que a *él* le gusta, y tal vez hasta ocultar quien realmente eres para mantener su compañía.

Estar sin tener pretendientes por un tiempo no le hace daño a nadie y estoy segura de que el tiempo lejos y bien usado, te va a servir para que te mejores. Al final de mi primer año de estar sin pretendientes, supe que era una mujer diferente de la que fui el año anterior, y me aterrorizó pensar: *¿Qué si me hubiese metido en una* *relación aun siendo una mujer herida, escogiendo como si estuviese desesperada por ser amada?* Sólo hubiese habido más dolor. Hubiese sido catastrófico.

La jornada hacia la sanidad puede ser obvia en algunas maneras y misteriosa en otras. Una de las cosas más obvias es que la sanidad no sucede a solas en la oscuridad. Lloré muchas noches sola en mi cama, encogida en mí misma y sintiendo mucho dolor por mi corazón y por mis hijos. Eso era sufrimiento. Era necesario y era parte de la jornada, pero ninguna sanidad me llegó cuando estaba sola en la oscuridad. La sanidad viene en la luz. Dios es el Sanador y Él puede ser misterioso. Así que tenemos que ir con Dios al camino que Él nos lleve, en el tiempo que Él permita que transcurra al nosotros venir a Su Sanidad. El misterio nos obliga a depender de Dios, aprender a escuchar Su dirección, confiar en Su corazón fiel, y luego creer que Él va a cumplir cada promesa que nos ha dado.

Y la sanidad realmente llega. Para la mayoría, solamente tiene que pasar el tiempo. Meses tras meses, estableciendo la verdad sobre quiénes somos y cómo fue que quedamos aquí al descubierto, buscando ayuda para poner nuestros pensamientos en orden, viendo el carácter que hemos escogido o adquirido y decidiendo cómo mejorar a la mujer en que nos estamos convirtiendo.

La mayor parte de mi sanidad ha venido a través de otras personas que Dios ha enviado a mi vida a propósito, personas que les intereso tanto como para ayudarme a superarme y quienes son ejemplos de integridad y buen carácter. Durante estos años, he tomado la decisión de buscar sanidad en cualquier lugar que la pueda encontrar. He buscado consejería, amistades que sanan, retiros de sanidad, oraciones por sanidad, y honestidad que sana.

Tú también necesitas tiempo para sanar. Como un gran suspiro profundo que limpia totalmente. También necesitas un poco de tiempo para contemplar el futuro y determinar qué quieres en una relación. Tómatelo y tómate un tiempo para concentrarte en tus hijos, mirarles a los ojos, verterte en su mundo, y amarlos completamente y sin distracción. Yo creo que te sorprenderá la mujer en la cual te puedes convertir cuando dediques suficiente tiempo solamente con el propósito de sanarte. Los pretendientes vendrán, pero será mucho más divertido cuando algunos de tus pedazos hermosos hayan sido recogidos, reorganizados, y tiernamente puestos en su lugar. El proceso de sanidad te hará increíble.

TUS HIJOS NO TIENEN PRETENDIENTE. Yo pienso que mis hijos se sorprenderán cuando lean este libro un día y descubran que su mamá anhelaba tener una relación, pero que fue herida y rechazada por algunos de los hombres con quienes tuvo sus citas. En este punto de mi vida como madre soltera, como seis años ya, todavía tengo citas en privado. Rehúso hacer desfilar a hombres enfrente de mis hijos. Salgo a cenar con un hombre en los fines de semana en que ellos estén con su papá. Almuerzo con alguien mientras estén en la escuela. Pero como no estoy en una relación, siento que no sería correcto que ellos pasaran por mi proceso de tener pretendientes.

A mis hijos les gustaría la mayoría de los hombres con quienes he salido. Pero lo que he temido es que les encante algunos de ellos. Había un hombre guapo y metido totalmente en los deportes que yo sabía que a mis hijos varones les iba a fascinar. Pero no quería hacerles eso hasta que estuviese completamente segura que a mí me fascinaría primero. Como no me fascinó, no le vi el punto de que mis hijos conocieran a don chévere y quedasen heridos. Ves, que donde mires, es mi responsabilidad proteger a mis hijos. En lo que a tener pretendientes se refiere, significa protegerlos de lo que pudiera llegar a sentirse como una puerta giratoria. O una puerta giratoria ocasional. A la verdad, para mí la mayoría del tiempo no es una puerta giratoria sino una puerta que a veces apenas se abre.

Y nunca les miento. Si llaman y me preguntan qué hice esta noche, y tuve una cita, les digo que salí a comer con quien fue que salí. Ellos usualmente dicen «Ah», y luego me preguntan si sus amigos pueden venir a pasar la noche con ellos en casa. Algunas veces me hacen algunas preguntas como: «¿A qué se dedica él?» y yo les digo la verdad. Unas cuantas veces hasta me han preguntado: «¿Es tu pretendiente?» Y honestamente les he podido decir: «Salimos a cenar, pero que no es un pretendiente en el sentido de la palabra. Les prometo que les diré cuando tenga una relación como a la que *ustedes* se refieren». Ellos confían en mí. Y pienso que al no salir con hombres por delante de ellos, elimina mucha de la locura que podría existir en nuestro hogar.

Espero ver el día en que pueda presentarles a un hombre a quien respete, de quien me haya enamorado y quien los quiera mucho a ellos. Hasta ese entonces, mis hijos no tienen pretendiente y no me dan consejos en cuanto a esto. Ellos son los niños y yo soy la adulta. Yo quiero proteger sus corazones.

NO ESTÁS DESESPERADA. Una vez que un hombre sepa que estás desesperada, una de dos cosas va a suceder: Si tienes suerte, saldrá corriendo. Si no, se quedará contigo por un tiempo y te manipulará. Mujeres desesperadas toman decisiones desesperadas con ese tipo de hombres y sus decisiones eventualmente hieren a demasiadas personas. No importa las circunstancias, no importa cuán solitaria te sientas, no importa cuánto tiempo haya pasado sin que un hombre te haya tomado de la mano o haya pagado la cuenta en una cena, ¡tú no estás desesperada!

Mis hijos y yo estábamos regresando de la playa en el auto, hace más o menos un año. Taylor estaba cambiando de emisora en la radio, cuando escuchamos un programa de sabatino en el cual los oyentes llaman para hacer peticiones. Justo entonces el locutor tomó una llamada de una mujer, una mujer desesperada. Ella empezó diciendo: «Sólo estoy llamando para dedicarle una canción a mi cielito. Extraño a ese hombre como loca y solamente quiero que él sepa que no puedo esperar hasta el domingo por la tarde cuando pueda ir a verlo a la Penitenciaría Estatal de Alabama. Te amo mucho mi cielo y estaré allí lo más pronto que pueda».

Bueno, Taylor y yo casi que nos moríamos de la risa. Y luego, no estoy bromeando, el locutor puso la canción que ella pidió y pensé que casi íbamos a tener que parar el auto a un lado de la carretera porque estábamos llorando tanto de la risa. Así empezaba la canción: «Ella piensa que yo puedo caminar sobre el agua». Y continuaba diciendo algo como que la mujer pensaba que él había puesto la luna en el cielo y que ya no existían hombres como ese. La canción probablemente era buena, pero caramba, yo no podía creer que esta mujer desesperada le estuviese dedicando una canción en cuanto a caminar-sobre-el-agua, a su hombre que estaba encarcelado no muy lejos en la «casa grande».

Los siguientes veinte minutos me la pasé riéndome con Taylor y asegurándome de que ella comprendiese totalmente lo que acababa de oír. Pueda ser que las circunstancias y la desilusión te convenzan de que tienes que aceptar a cualquier hombre que consigas. Hasta quizá tengas momentos en tu vida en que honestamente te sientas desesperada por dentro. Pero aun si sientes un deseo tan intenso, no puedes actuar. Fuiste creada para algo mejor que un reo de prisión. No eres, ni jamás serás una mujer desesperada.

Yo estaba tratando de enseñarle algo a Taylor, pero la lección es para las madres solteras también. La historia de la radio es ridícula. Todas nosotras estamos seguras de que no vamos a ser tan tontas como para escoger basadas en nuestra desesperación, pero las mujeres lo hacen todo el tiempo. Mujeres adultas salen con hombres locos que las maltratan y lo único que se me ocurre pensar es que deben estar desesperadas. Prefieren tener hombres malos que no tener nada. Yo no, hermanita. Mi vida es demasiado buena y mis hijos son demasiado importantes para mí. Ya nosotros pasamos esa etapa de desesperación.

TAL VEZ NO SE SUPONE QUE ALGUNAS DE NOSOTRAS TENGAMOS UNA RELACIÓN SERIA O QUE NOS CASEMOS ANTES DE QUE LOS NIÑOS SEAN ADULTOS. Tal vez no quieras escuchar esto, pero mientras más pasan los años, más considero que esperar es una opción. Quizás estoy supuesta a criar a mis hijos siendo madre soltera. Eso sería como unos diez años más o menos para que la más pequeña se me gradúe de la escuela secundaria. Supongo que algunos van a quedarse a vivir conmigo por un tiempo más, así que sabes a qué me refiero. Pero está bien, porque si me quedo soltera durante la próxima década, entonces podremos evitar los problemas de ser madrastras y padrastros y los de las familias combinadas que mis amigas me dicen que pueden ser terribles y desgarradores. Si podemos mantenernos lo más lejos que podamos de esos problemas durante los años en que están creciendo, entonces pueda que evitemos tener más terapias. Mis hijos tendrán mi devoción completa durante el tiempo en que más lo necesitan y no tendrán que hacer otro ajuste enorme *después* de todos los que ya han tenido que pasar.

No estoy diciendo que este es mi plan, pero estoy dispuesta a quedarme tranquila y vivir los próximos años sin novio o sin esposo. Mis amigas me piden que mantenga el corazón abierto y lo está. Pero también tengo que ser realista. Puedo poner mi vida en pausa hasta que *él* llegue. Y estoy dispuesta a considerar la posibilidad de que esperar es exactamente lo que Dios tiene en mente.

● ● ●

Tal vez voy a ser una madre soltera con pretendiente de vez en cuando, o tal vez no. Pero ahora tengo grandes expectativas. Estoy esperando a que llegue mi príncipe azul. Espero que tú también estés esperando a tu príncipe azul.

esperando a que llegue el príncipe azul

Voy a un pequeño gimnasio de entrenamiento por lo menos tres veces a la semana. Una de las cosas que me encanta de ese lugar es que los entrenadores y los clientes tienen la oportunidad de conocerse. Aun cuando no tengo ganas de hacer ejercicios, me pongo las zapatillas y voy porque me gusta la gente. También es divertido tener a alguien con quien hablar mientras estás caminando y haciendo esas terribles flexiones profundas. Mi entrenador me hace trabajar más duro, pero se siente más fácil mientras nos reímos y hacemos bromas. Muchos de ellos se han convertido en muy buenos amigos.

En el gimnasio, usualmente hablamos de deportes y de películas y: «¿Qué vas a hacer este fin de semana?» Pero un día de la semana pasada, la conversación fue acerca de mí y de mis pretendientes. A los muchachos les resulta divertido escuchar mis historias. Como soy un imán para los hombres raros, usualmente la mayoría de las veces hay algo cómico en mi vida.

Un día uno de mis amigos me preguntó: «Angela, ¿Eres exigente en cuanto a pretendientes se refiere?» Y antes de que pudiese decir algo, Clayton, mi entrenador gritó: «Sí, ella es exigente».

Bueno, entonces tuvimos que definir *exigente*; decidir si era una mala característica o era una buena cualidad protectora; hablar acerca de lo que sucede a las mujeres que no son exigentes; y aclarar que ser exigente no significa ser pretenciosa o inalcanzable. Resultó ser que soy exigente. Y es algo bueno. Todos los muchachos dijeron que si yo fuera su hermana, a ellos les gustaría que fuese exigente y estarían superenojados si aceptara un tipo cualquiera por pura conveniencia. También estarían decepcionados. Ellos esperan más de mí. Mucho antes de esa conversación, yo había decidido esperar más de mí misma. Algunos lo llamarán ser exigente, pero he decidido llamarlo «Subir la barra».

Tú y yo tenemos que subir la barra en cuánto al próximo hombre. Y si no lo haz hecho aun, es tiempo de que subas la barra. No lo veo como una opción. Como madres solteras, pienso que es obligatorio que esperemos más. Tenemos tantas vidas que tomar en cuenta. Si vamos a traer a otro hombre a las vidas de nuestros hijos, sin mencionar a nuestro corazón, mejor te vale que valga la pena. Creo que allá fuera existen hombres que son realmente buenos, pero también hay algunos que necesitan tomar la iniciativa para superarse. Ser amada de la manera correcta, es un regalo. Planeo amar a un hombre maravilloso de la manera correcta.

A este punto, tengo todo mi futuro por delante y tú también. Todos mis compromisos son para mis hijos. Borrón y cuenta nueva a lo que se refiere al romance y a mi corazón, y pienso que eso es tan emocionante. Tengo la oportunidad de escoger. Tengo la oportunidad de escribir esta película llamada El Resto de Mi Vida, y un día será divertido llegar a conocer al protagonista atractivo. Tengo paz en cuanto al tiempo. No tengo prisa. La anticipación es emocionante. Así que oro. He orado por mi próximo hombre por años ya. Así que confío que Dios me dará el hombre correcto, en el tiempo correcto y de la manera correcta.

Mientras tanto, la estoy pasando bien saliendo a cenar de vez en cuando y estoy tratando de usar este tiempo conscientemente para examinar mis deseos, balanceando la realidad con la fantasía, observando a mi alrededor, viendo cómo otras mujeres han escogido y cómo les resulta, Decidiendo qué es lo que me gusta en un hombre y qué es lo que puedo aprender a querer, qué es lo que es más importante para mí.

Ya han pasado años, con muchas experiencias, y estoy más determinada que nunca en mantener mi barra de expectativas bien atornillada a unas perchas más altas.

• • •

Desearía que ahora mismo todas estuviésemos metidas adentro de un condominio en alguna parte cerca de la playa, teniendo una fiesta grande de fin de semana, sólo para chicas. Este sería el capítulo más divertido del que te pudiese hablar. Me encantaría oír tus historias y reírnos de las lecciones que ambas hemos aprendido, pero hasta ese entonces, sólo tendré que compartir algunas de las mías. Espero que algo que yo diga te anime a subir la barra de tus expectativas. Súbela un poquito. Espera más, porque mis hijos y los tuyos se merecen más. Ten la determinación de convertirte en una mujer increíble que está esperando a un hombre increíble.

Bastantes lecciones en cuanto a esperar al príncipe azul

Para una mujer que no ha tenido muchos pretendientes (al menos no se siente que han sido muchos), realmente tengo bastante lecciones que compartir en cuanto al próximo hombre. Algunas de ellas vienen por experiencia, otras por observación. No me quiero perder lo obvio la próxima vez. Quiero utilizar este tiempo para ser más inteligente en cuanto a relaciones, estudiarme a mí misma y aprender de los consejos que hombres y mujeres me han dado. Ahora mismo, tengo una vida serpenteante en lo que se trata a pretendientes. Una cita aquí y otra allá, con mucho espacio de por medio para pensar, orar y reflexionar. Así que aquí están las lecciones de hoy.

NO SEAS TONTA DOS VECES. Casi detesto empezar con ésta, pero quizás esta es la cosa que más he repetido desde que me divorcié. He observado a hombres y a mujeres por todos lados apresurados para meterse en otra relación y eventualmente un matrimonio, sólo para darse cuenta que hicieron exactamente la misma cosa, la cosa equivocada, otra vez. Todos podemos ser tontos dos veces, hasta tres, si no prestamos atención.

Me doy cuenta de que muchas de ustedes no fueron tontas la primera vez. Espero que no te ofenda a ti ni a tu habilidad de escoger sabiamente la segunda vez. Pero hay muchas que no aprenden de sus errores o no consideran las lecciones que ya para ahora deberían haber aprendido.

Una amiga mía me dijo que su sobrina se volvió a casar. La sobrina había conocido a este hombre por un tiempo y no es que a ninguna de sus amigas les cayó mal, sino que no pensaban que él era el que debería ser. Ella había subido su barra, pero luego la bajó para este hombre. No le podían ver nada malo, pero él no parecía ser la persona indicada para ella. De repente, antes de darse cuenta de lo que estaba pasando, la sobrina se había casado. Estuvieron comprometidos por una semana y luego a la semana siguiente se casaron en una capilla. Todo fue como un torbellino. Ella dijo que estaba locamente enamorada de él. Bueno, ¿quiénes eran ellas, las amigas tontas, para poner en duda el loco amor?

Mi amiga y su sobrina estuvieron almorzando un día y ella le preguntó: ¿Tienes algún consejo para mí? ¿Algunas palabras de sabiduría ahora que ya haz estado casada por segunda vez por un buen tiempo?

La sobrina bajó la cabeza y susurró: «No lo hagas».

«¿Qué cosa?», preguntó.

«No es mi intención sonar negativa, pero por favor no lo hagas. No es como piensas que va a ser. Yo me sentía muy solitaria, tan pero tan sola, que pensé que no podría aguantar vivir así ni un día más. Nada ha resultado como yo lo esperaba. Estamos con los ánimos por los suelos y creo que nuestro matrimonio no va a durar mucho».

Cuando mi amiga me contó la triste historia de su sobrina, mi corazón quedó quebrantado. Mucha tristeza por su dolor privado. Y luego me di cuenta de que esa pude haber sido yo. Me he sentido solitaria. He continuado teniendo citas con hombres de barra baja, sólo porque me ofrecieron compañía cuando estaba sola. Casi me meto en una relación equivocada porque pensé que nadie más iba a venir a mi vida. Hubiese podido estar en el lugar de esa mujer ahora mismo.

La sobrina de mi amiga no es tonta. Pero en un momento de debilidad, ella tomó una decisión a la cual ella llamaría tonta ahora mismo. A cualquiera nos puede pasar. Debemos estar conscientes de esto. Hemos subido la barra por una razón: Para evitarnos más sufrimiento y pesar, y para proteger a nuestros hijos y nuestros hogares y el futuro brillante que nos espera.

SEÑALES DE ADVERTENCIA DEL DOCTOR PHIL. Si ves las siguientes señales, no tomes ni un paso más. La alarma debiera estar sonando porque estas son las cosas que arruinan el trato. Presiona el botón de eyección inmediatamente y salta con tu paracaídas a un lugar seguro.

- Toma demasiado o es un alcohólico o un drogadicto.
- Es abusivo, física o verbalmente.
- Tiene un mal temperamento.
- Es demasiado celoso.
- Es deshonesto.
- Es controlador.
- Te dice cómo debes vestirte y con quien debes salir.
- Es adicto a los juegos de azar.
- Te dice que «no puede vivir sin ti», después de sólo dos citas.
- Tiene treinta y cinco años de edad o más y todavía vive con sus padres.

- Te dice que «no está técnica o legalmente soltero. Pero hemos estado separados por un largo tiempo».
- No te mira a los ojos cuando está hablando contigo.
- No te presenta a otras personas cuando están juntos.
- No está contigo en los momentos de crisis.

(Doctor Phil McGraw, *Smart Love*, Free Press, 2005, p. 29)

NECESITAS VIVIR EN LA MISMA CIUDAD DONDE VIVE TU PRÍNCIPE AZUL, ANTES DE QUE TE CASES CON ÉL. Sé que esto suena cómo lo que le dirías a unos jovencitos que están contemplando casarse por primera vez. Pero pienso que esto también absolutamente tiene que repetirse a las mujeres adultas como nosotras: las que tenemos hijos y vidas ocupadas, y casas con un césped que se tiene que cortar y basureros que se tienen que poner en la esquina. Nuestras vidas son exigentes. A lo mejor puedas hacerlo todo antes del fin de semana en que sales de viaje para encontrarte con el hombre a quien has conocido por tres semanas, pero eventualmente necesitas ver cómo va a ser la relación en realidad. Tienen que vivir en la misma ciudad. Uno de los dos va a tener que rentar un apartamento o viajar todos los días, o pensar en la forma en que puedan vivir cerca el uno del otro por varios meses.

Muchas de nosotras no tenemos las finanzas para que esto pueda suceder, pero ninguna de nosotras nos podemos dar el lujo de comprometernos con alguien que realmente no conocemos. Ya sea que las cosas funcionen o que la relación se deshaga por completo, al final la inversión de dinero y energía, vale la pena.

Necesitas saber cómo este hombre suena y actúa después de un día de estrés. Él necesita ver que tu casa está desordenada mientras que toda la familia se está concentrando en los proyectos para la Feria de Ciencias. Tienen que estar juntos durante los asuntos diarios y ver si aun existe atracción y conexión. Las visitas cortas de fines de semana no son suficientes. Cualquiera puede pretender en ese periodo de tiempo. Algunas veces ni es que estemos pretendiendo; es sólo que el contacto es tan infrecuente que solamente quedamos envueltos en la emoción de un nuevo romance y todo lo vemos color de rosa. Tengo demasiadas amigas que se dieron cuenta que sus «príncipes» de larga distancia eran sensacionales por dos días, pero dos años los convirtieron en insoportables.

EL PRÓXIMO HOMBRE TIENE QUE ENTRAR POR LA PUERTA FELIZ. Sí, dije «feliz». *Feliz* es probablemente una palabra muy sentimental para describir a un hombre. Dudo que les estén enseñando feliz en las conferencias para hombres. No creo que jamás haya escuchado a un hombre en el gimnasio llamar a otro hombre «feliz». Buen hombre y chévere, sí, pero no feliz. Suena un poco tonto.

Pero aunque no sea la descripción más fabulosa de un hombre fascinante, realmente hablo en serio en cuanto a esto. Lo quiero empaquetado feliz antes de que me llegue. No estoy diciendo que nunca se pueda poner triste, o desilusionado, o malhumorado. Válgame, ¿a quién no le sucede eso? Pero en esta etapa de mi vida, necesito un hombre que se esté reconciliando con las decepciones de su niñez, o el rechazo que sufrió, o los fracasos que nos suceden a todos. Que no se esté quejando día tras día, triste y desilusionado. Quiero un hombre que ya esté lleno de entusiasmo sin mí. Que esté superándose en todos los sentidos y planeando vivir una vida magnífica. A falta de una mejor descripción, quiero que la mayoría de las veces él esté feliz.

Demasiadas veces en mi pasado, me he puesto a pensar: *Si ese hombre dejara que yo lo amara, podría hacerlo feliz*. Esa es una de las ilusiones más devastadoras en cuanto a relaciones se refiere. He aprendido a través de algunas de las lecciones personales más dolorosas, que cada persona decide en su propio corazoncito si va a vivir feliz o no. Tú puedes añadir a su «feliz». Puedes multiplicar su «feliz». Puedes compartir su «feliz», pero nunca podrás hacer que una persona *sea* feliz.

Si el hombre que amas no está feliz ahora mismo, entonces podrás gastar cada día, todas tus energías, todos tus recursos y creatividad, y nunca jamás afectar su disposición. La gente es feliz porque ha decidido serlo. La gente es contenta y agradable porque han hecho el arduo trabajo para poder ser consistentes en su semblante y en su propósito.

No me malentiendas. Quiero varonil, no afeminado. Un hombre grande, alto, con carisma de hombre tejano estaría bien, pero no necesito a un hombre tumultuoso, oscuro, misterioso, perturbador, malvado, obsesivo, maniático o triste, la clase de hombre que ha estado buscando toda su vida a la mujer perfecta que lo haga feliz. Muchas gracias, pero ya he tenido muchos de esos. Deja que pase por la puerta ya siéndolo de antemano. Ya siendo *feliz*. Para mí, vale la pena esperar por esa clase de hombre.

Tal vez estás más adelantada que yo en cuanto a esto y quizá ya sepas que no puedes ser la que haga feliz a alguien. Así que vamos a esperar juntas a príncipes azules que ya son felices antes de que tengamos la oportunidad de conocerlos.

EL PRÓXIMO HOMBRE NO PUEDE TENER «POTENCIAL». A lo mejor pienses que estoy loca pero déjame explicarte. Mi amiga que es madre soltera y yo nos dimos cuenta de que estábamos justificando algunas de las características que son manifiestas señales de advertencia, que dicen en alto despiértate y sal corriendo, cuando decimos que el hombre tiene potencial. Podemos recitar una lista larga de todas las razones por las cuales él no es el que estamos buscando y entonces añadimos al final «Pero tiene potencial», como que si el *potencial* justificara que pasásemos más tiempo con él. Yo creo que nos asustamos cuando nos dimos cuenta de lo que estábamos haciendo. Las dos nos estamos poniendo muy viejas para depender del potencial.

Si yo estuviese cursando los últimos dos años de la universidad y conociera a un hombre que tuviera potencial, la cosa sería diferente. Eso sería algo bueno. Significaría que tiene virtudes y dones, y un llamado que podrían eventualmente ser los ingredientes de un gran hombre si se propone ir en búsqueda de ellos.

En esta etapa de la vida, considerando las edades de los hombres que podrían ser candidatos para tener relaciones serias con una mujer que tiene más de cuarenta años, el próximo hombre *no puede* tener potencial. Él tiene que ya estar allí. Estar ya buscando su llamado, operando en varias de sus virtudes, lleno de visión y pasión, y viviendo su propia aventura. Viviendo ya una vida increíble que sería mucho mejor si se consigue una mujer increíble.

Espero que no pienses que esto es demasiado severo. Todos tenemos potencial que aun está esperando explotar en medio de las circunstancias correctas, quizá hasta en la relación correcta. Pero queremos a un hombre que ya se ha dado cuenta un poco o bastante del potencial que tiene. Después de los cuarenta, pienso que es un poco tonto enamorarse de un hombre que todavía no sabe lo que quiere ser cuando crezca. Basándome en observaciones sin rigor científico, son muy pocas las posibilidades de que él pronto llegue a darse cuenta.

Así que deja que el hombre que tiene potencial siga caminando. Nosotras estamos esperando al hombre que ya lo es.

ÉL TIENE QUE TENER UN CORAZÓN DEL TAMAÑO DEL ESTADO DE TEXAS. No hay forma de ocultar o quitarle importancia a lo que es obvio. En esta etapa de mi vida, yo soy cinco personas.

Nosotros cinco somos bastantes. Somos ruidosos, alocados y estamos muy ocupados. Comemos mucho y ensuciamos demasiada ropa. Nos reímos hasta fastidiar y lloramos de vez en cuando. Algunas veces mis hijos varones se tiran en el suelo y les suplican a sus hermanas en voz alta que por favor salgan del baño. A veces las niñas golpean la puerta y les suplican hasta en voz más alta a sus hermanos que por favor no desperdicien toda el agua caliente. Siempre sucede algo cuando existen cinco personas. Siempre. Siempre hay algo que hacer, o alguien a quien amar, o algo que soportar juntos.

Y aun cuando estoy sola, todavía soy cinco. Pienso por cinco y creo por cinco, y lucho por los cinco corazones. Y no se puede cambiar, ni deshacer, ni ser diferente de lo que es. Por eso, el próximo hombre tiene que tener un corazón amoroso grande y enorme. Brazos fuertes en los cuales nos pueda envolver bien. Tiene que tener paciencia y la habilidad de pasar por alto las nimiedades porque hay tantas nimiedades cuando eres cinco.

Los hombres egoístas no necesitan llenar solicitud para la vacante. Los que son egocéntricos van a desilusionarse. Si alguna vez hayas tenido la necesidad de estar segura que no todo se trata de ti, entonces métete en nuestro mundo y ve cómo se desenvuelve la vida. Cada día estoy más y más convencida de que no se trata de mí. Se trata del amor que doy. Quiero un hombre que también pueda dar su amor.

Va a tener que ser un hombre compasivo. Tendrá que ser misericordioso. Somos una familia pequeña y vulnerable. Sólo queremos dar y recibir amor. Pero tenemos muchas imperfecciones. A veces nuestra humanidad es frustrante. Tenemos que pedirnos perdón los unos a los otros porque solamente somos nosotros. Yo la grande y cuatro que se parecen un poco a mí. Todos estamos en progreso. Ninguno de nosotros ha llegado aun. Espero que su amor del tamaño del estado de Texas le de una visión borrosa. A lo mejor no pueda ver que sería demasiado amarnos a todos.

Obviamente, él no sabe la gran cantidad de amor que podemos darle los cinco de nosotros. Haremos que su mundo se estremezca.

ADELANTE, SÉ EXIGENTE. La mayoría de nosotras no subimos la barra de nuestras aspiraciones tan alta como debería estar porque por dentro, en alguna parte, hemos decidido que no somos dignas. Lo que escuchamos no necesariamente tiene que ser en voz alta y gritando: ¡No eres digna! Sólo una pequeña mentira susurrada que se ha entretejido a través de nuestras decepciones.

La mentira se mete temprano. Para algunas es durante los primeros años de la escuela secundaria y para otras en los últimos. Seguramente que para cuando llegamos a la universidad, ya hemos sentido el aguijón del rechazo. Algunas de nosotras hemos sentido lo suficiente como para inclinar nuestras cabezas hacia las mentiras, las clases que susurran: *Viste, te ignoraron otra vez. Tenías demasiadas expectativas. Tus aspiraciones eran muy altas. No eres digna. Tal vez deberías agarrar lo que te venga pues quizás nada más vendrá.*

Pero esta vez, mientras estés escogiendo al próximo hombre, sube la barra bien alto y déjala allí. Esta vez es muy importante. Esta decisión impactará tu vida y a tus hijos como ninguna otra.

Tengo una lista, no te miento, guardada y con copia en mi computadora de las características de un hombre que son importantes para mí. También tengo mi lista de las cosas que no soporto; las cosas con las cuales por seguro no podría vivir. Es increíble cómo podemos justificar las cosas que no soportamos cuando ese príncipe azul está siendo amoroso y divertido. Así que hazte una lista de las cosas que no soportas para que la puedas leer cuando estás totalmente enamorada y necesitas recordar lo que prometiste que nunca ibas a permitir en tu vida.

Sé honesta contigo misma en cuanto a lo que te gusta, las características que disfrutas en una persona y luego sube la barra a la altura que desees y espera. Si te fascina viajar y nunca quisieras parar de hacerlo, entonces nunca más dejes ese deseo a un lado.

Morirás una muerte lenta si te permites escoger a un hombre que le gusta permanecer en el sofá durante los fines de semana.

Yo sé que esto es ridículo; de hecho, no le he dicho esto a nadie, y ahora se lo estoy diciendo al mundo entero, pero había un hombre que era tan maravilloso, pero tan desastroso para mí. Tuve que hacer una lista titulada: «Por qué él no es para mí» y leerla casi todos los días por meses hasta que finalmente quedé convencida. Hubiese pensado que un papel de tamaño legal, completamente lleno, con notas en los márgenes, sería suficiente como para convencerle a una muchacha que debería alejarse por completo. Pero los hombres atractivos pueden hacer que te olvides. Necesitas una lista.

• • •

Anoche, cuando empecé a escribir esta sección, tuve que parar y orar acerca de lo que te iba a decir. Sabía que tenía que ser la verdad. Pero la verdad fue tan dolorosa anoche. Fue muy intensa y empecé a sufrir dolores físicos cuando estaba sentada frente a la computadora. Escribir acerca de esperar resucitó aquel anhelo que preferiría pasar por alto.

Podemos hacer una lista y subir la barra y decidir cómo vamos a volver a amar. Me he hecho unos cuantos compromisos firmes en cuánto al próximo hombre. Las personas que me quieren mucho exigen que me dedique completamente a escoger bien. Todos estamos esperando al Hombre Fabuloso para Angela. Pero decir cosas fuertes hace que parezcas que eres fuerte. Algunos días lo soy. Muchos días espero fortalecida, con mis energías enfocadas en mis hijos y en nuestras vidas juntas. Pero otros días, espero en mi debilidad. Ayer empecé bien pero terminé en un mar de lágrimas.

Han pasado suficientes años y para este tiempo ya debería ser mucho más fuerte que esto, pero no lo soy.

Ahora estoy en la tarde del día siguiente y hoy todavía estoy esperando. No hay ningún príncipe azul en el radar. Y digo que ninguno. No hay un hombre con quien cenar, ni siquiera un buen amigo en la ciudad a quien podría llamar para ir al cine. Nadie me va a llamar al final del día para reportarse y preguntarme que cómo me fue hoy. Nada más quería que supieras esto. Tal vez hoy tú también esperas, como yo. Quizá no le digas a nadie porque eres una mujer fuerte y de mucho éxito, la cual parece ser que no tiene tiempo para tener una relación, pero a ti también te duele.

Incluso mientras escribía este libro, oré por él, el próximo hombre, el que está allá fuera en algún lado. Aquel que Dios está preparando. He pensado en él y me he imaginado cómo es. He tratado de sacudirme la idea e irme a doblar la ropa, hacer algo concreto para deshacerme de este anhelo. Pero hoy estoy tan consciente de que estoy esperando, esperando a ser amada. Y me hace llorar otra vez. Luego escucho los estúpidos susurros acerca de que no soy digna y todo lo que sé hacer es arrodillarme delante del Único que es fiel y pedir que me dé Su misericordia, Su favor, Su bendición. Aunque yo sigo viviendo mi vida, la espera para ser amada aun continua.

Y me recuerdo a mí misma que yo confío en Dios. Él me ha sostenido por tan largo tiempo ya. Confío en Su tiempo y en Sus caminos. Confío en que Él me ama a mí, su bebita. Confío en Él por el amor que aun habrá de ser. Y prometo esperar con integridad, preparando mi corazón, amando a mis hijos, convirtiéndome en una mujer increíble, hasta que un día, Dios en Su divina sabiduría diga: ¡Ven a ver al que he estado guardando para ti!

voltéate a mirar

Ella era por lo menos diez años menor que yo, una mujer hermosa, esperando en la línea detrás de varias otras personas que tenían libros para que yo se los autografiara. Su cabello rojo, sus ojos hinchados, y un puñado de pañuelos de papel la delataban, así como la forma en que estaba parada y su comportamiento ansioso. Cada vez que yo miraba hacia donde ella estaba, podía ver a una mujer sufrida acercándose a mí. Ni tenía que saber por qué. Me estaba doliendo el corazón. No importa cómo llegue, ese tipo de sufrimiento te paraliza el alma. Supe antes de que llegara hasta mí que ese dolor no la dejaba vivir. Después de un tiempo, es fácil reconocer a una mujer que tú fuiste alguna vez.

Denise me habló con susurros y con la cabeza hacia un lado para que otros no la pudieran escuchar. Era una versión de una historia parecida a todas las nuestras. Ella era una madre soltera, había estado sola por dos años y no creía que podía seguir viviendo así. No tenía recursos ni esperanzas, y sus circunstancias le habían quitado las fuerzas. Ella amaba a sus hijos pero no tenía nada que darles excepto un dolor insoportable debido a la forma en que su vida se había tornado.

Tomé la cara de Denise en mis manos y le dije suavemente: «Siento mucho saber de todo lo que has sufrido. Nadie, y repito, nadie debería pasar por todo el dolor que has pasado. Nadie debería tener que criar a sus hijos sola. Tu dolor ha sido muy grande, pero mírame a mí», y ella alzó la mirada, «Denise, tu vida no se ha acabado».

Entonces, por alguna razón, la tomé de la mano, dejé a las otras mujeres esperando en la línea y me la llevé hacia afuera. Era un día de invierno completamente despejado y nos entró un frío apenas salimos por las puertas. La llevé hacia la cima del lugar más alto que pude encontrar y luego señalé hacia un campo y el lugar donde se unían la tierra y el cielo. «Mira hacia allá», le dije. «Denise, todo aun está por delante de ti. El resto de tu vida te está esperando para que la vivas. Probablemente la vida que tienes por delante será más larga que la que ya has vivido. Eventualmente tendrás que apartar tu mirada de todo el remordimiento y todas las consecuencias, y ver que Dios todavía tiene un plan y un propósito. No quiero que pases ni un día más en la oscuridad. Hay un nuevo horizonte que te está esperando, un nuevo camino y un nuevo lugar donde pensabas que no existían. Voltéate y ve que Dios es bueno. La vida es grandiosa. Tienes la oportunidad de vivir otra vez». Abracé a mi nueva amiga mientras lloraba; luego oré por ella y regresamos adentro.

Probablemente nunca sepa si algo de lo que le dije o hice esa tarde le ayudó, porque voltearse requiere que se tome una decisión. No sé qué decisión fue la que tomó Denise, pero lo que sí sé es que cada vez que tenga la oportunidad, le mostraré el horizonte a una mujer quebrantada y le hablaré acerca del Dios que transforma vidas quebrantadas y las renueva.

Paralizada

Algunas veces la vida te puede paralizar emocional, mental, y espiritualmente. Algo pasó o un millón de cosas pasaron, y sientes como que ya no te puedes mover, como que si las circunstancias te han aprisionado, y estás a la merced de alguien que venga a rescatarte por compasión. Sé lo que se siente vivir paralizada por el temor, rodeada por todos lados, cuando el resultado está fuera de tu control. No hay movimiento, no hay fuerzas, no hay esperanzas.

Pero lo mismo es cierto para todas nosotras que hemos estado paralizadas por el dolor, o el sufrimiento, o las consecuencias: todavía podemos elegir a dónde mirar. Podemos mirar hacia abajo con muchísima lástima y enfocarnos en nuestra incapacidad de movernos. Podemos pensar en las cosas que nos remuerden y volver a revivir el tiempo en que sufrimos la pérdida. Podemos decir una y otra vez: «Estoy paralizada». Y allí estaremos, mirando nuestro sufrimiento como si eso es todo lo que existiera y todo lo que va a existir.

O podemos voltearnos a mirar. Cambiar la dirección de nuestra mirada. Mover nuestro enfoque. Alzar la cabeza y mirar hacia el horizonte.

¿Por qué no lo haces? Puedes mirar las decisiones que tomaste en el pasado o en lo que te está sucediendo en el presente, o puedes voltearte a ver que Dios es bueno. Él puede abrir un nuevo camino, aun si pensaras que no hubiese ningún otro lugar a donde ir.

Lee lo que Dios nos dice por medio del profeta Isaías:

Olviden las cosas de antaño;
 ya no vivan en el pasado.
¡Voy a hacer algo nuevo!
 Ya está sucediendo, ¿no se dan cuenta?
Estoy abriendo un camino en el desierto,
 y ríos en lugares desolados.
(43.18-19)

¿Qué si decides voltearte a mirar a Dios hoy? ¿Qué pasaría si pudieses ver que donde quiera que Dios esté, puedes hallar la plenitud de Su carácter y que Él te promete un amor que es grande y profundo, alto y ancho? Él está haciendo algo nuevo con tu futuro. Él abre caminos nuevos en el desierto de tus circunstancias. Los planes que Él tiene para ti incluyen más de lo que esperas o te pudieses imaginar. El día ha llegado en el cual debes dejar de acordarte del «pasado». El futuro está explotando delante de ti. Voltéate a mirar. Hemos estado en un valle largo y oscuro, pero estamos caminando hacia el monte de Dios.

Esperando a ser rescatadas

Síndrome postraumático de la madre soltera. Dudo que exista semejante cosa, pero «choque recurrente» es probablemente la descripción más apropiada de mis primeros años de madre soltera. No había planeado mi entrada hacia la vida de las madres solteras. Tampoco había leído un libro ni hablado con ninguna otra madre para saber cómo le había ido a ella. Pero el día en que empaqué las cestas de la lavandería y metí a los niños en el auto, me convertí en una madre soltera. No estaba preparada en lo absoluto, como le hubiese pasado a cualquier otra mujer, y emocionalmente me sentía como una zombi.

Ahora miro hacia atrás y me doy cuenta de que una esperanza o quizás una oración, estaba entretejida en medio del trauma de esos primeros cinco años. En privado estaba deseando que algo, o alguien, sucediera milagrosamente. Esa persona me rescataría de toda mi responsabilidad, soledad y sufrimiento. Esa persona se aparecería para luchar por mí. Y esa persona me amaría lo suficiente como para ayudarme a criar a mis hijos o proveería para todos nosotros, o de alguna manera haría que todas estas cargas se me quitaran por completo.

Así que secretamente, yo estaba esperando ser rescatada. Soñaba que un gran hombre llegaría en auto a la entrada de mi casa y me diría: «Angela, toda mi vida he estado buscando a una mujer como tú. Siempre he querido tener cuatro hijos y me gustaría mucho amarlos como si fuesen míos. ¿Crees que a ellos les gustaría pasear en bote? Yo compraré un bote para nosotros. ¿A ellos les gusta acampar? Yo me encargaré de empacar las tiendas de campaña y de marcar un sendero. Eres la mujer más hermosa que he conocido en mi vida y quisiera mostrarte el mundo entero. Ven a mis brazos y déjame decirte cuánto te amo. Dame todas tus cargas. Nunca más vas a tener que preocuparte por pagar la hipoteca de la casa. Voy a añadirlos a todos ustedes a mi seguro médico. No te preocupes acerca de cómo vas a conseguir el dinero para que tus hijos puedan ir a la universidad, ni para tu jubilación, ni para las vacaciones. Yo me voy a encargar de ti y de tus fabulosos hijos por el resto de sus vidas. ¿Por qué no te vas al centro comercial y te compras todos los zapatos que quieras? Quiero mucho a cada uno de ustedes. Ya todo va a estar bien, te lo prometo. Nunca jamás vas a tener que preocuparte por nada más».

¿Pero sabes qué sucede cuando esperas ser rescatada? Pones tu vida en pausa. Te la pasas mirándole la cara a cada hombre que conoces, preguntándote si ese es el que te va a rescatar. Y planeas estrategias, y coaccionas y manipulas las situaciones y las circunstancias, todo con la esperanza de que algo más va a ser la respuesta. Alguien más sabrá qué hacer. Te entra temor y las cargas se sienten más pesadas con cada paso que das. Tu habilidad de ver a Dios se debilita cada vez más. Nuestras fuerzas se acaban, así que nos ponemos a esperar. Pareciera que el rescate fuese nuestra única salida.

Creo que esperé por lo menos tres años. En realidad no estaba soñando, ni estableciendo, ni siendo nada. Sólo estaba de guardia, esperando que la caballería llegase a la cima... *ya en cualquier momento*. Caballos fuertes relinchando, banderas agitándose, trompetas resonando. Pero ya sabes lo que nunca pasó. La caballería nunca llegó, al menos no como me lo imaginé. La vida no sucede así. Las películas suceden así y en las novelas se leen así, pero en la vida real, la que tú y yo estamos viviendo, no sucede tanto.

Esperar ser rescatada es crear una atmósfera perfecta para una desilusión increíble. La gente no sigue el guión que tienes escrito en tu mente. Muy pocos han sido lo suficientemente valientes como para venir a buscarme y cuando encuentran a cinco, salen huyendo asustados. Mi vida es grande y compleja, y la mayoría de las personas están listas para vivir una vida sencilla, que requiere poco esfuerzo. Lamentablemente, ya lo entiendo. Los héroes son muy difíciles de encontrar. Ser rescatada así es para Hollywood y yo vivo en Tennessee.

No soy digna

Te dije anteriormente que después de que pasen varios años sin ser rescatada, podemos empezar a pensar que no somos dignas de que nos encuentren. Es un camino emocional ridículo, pero somos mujeres y mucho de nuestro dolor alimenta los susurros internos que nos dicen que nunca hemos sido dignas. Mentalmente, pareciera ser que eso es lo primero que pensamos cuando las cosas no salen bien. *Realmente no me lo merecía desde un principio. ¿Por qué pensaría que una mujer como yo iba a ser rescatada? Mis errores del pasado han arruinado mi futuro. Probablemente nada vaya a suceder.* Tú sabes las clases de mentiras a las que me refiero. Y la grande sigue recordándonos que no somos dignas para nada.

Dios me ha hablado acerca de esta clase de sentimiento. Resultó ser que *no ser digna* es a lo que Dios se refiere. Lee lo que escribí unos cuantos años atrás:

Dejemos algo bien en claro ahora mismo. No somos dignas. Nunca podríamos serlo ni aunque tuviéramos esperanza de serlo. No somos capaces de serlo por nosotras mismas. No somos suficientemente buenas para serlo, ni nunca lo seremos. No somos dignas, nunca lo hemos sido, y nunca hemos tenido ni la esperanza de llegar a serlo. Ese es el punto. Esa es la razón por la cual le pertenecemos a Jesús, porque no somos dignas...

En lugar de darnos una discusión sobre la disfunción o una diatriba teológica, Dios nos dice: «Permíteme mostrarte lo que siento por ti. Tu valor ha sido decidido porque me perteneces»... Tu valor y el mío provienen del hecho de que le pertenecemos a Dios. (*Do You Think I'm Beautiful?* [¿Crees que soy hermosa?] [Nashville: Thomas Nelson, 2003, pp. 105-107])

Dondequiera que yo vaya, las mujeres quieren decirme que no son dignas para nada. Las decisiones tontas que han tomado y las consecuencias que están sufriendo. Sus pesares. Yo entiendo todo eso. Válgame, no sé de nadie que no se haya sentido indigna, que nadie la nota y que nadie la ama. Todas hemos sentido lo mismo. Estamos llenas de remordimiento y absolutamente seguras de que no valemos nada. Pero Dios envió a Su Hijo Jesús para que viniera a rescatar a los que no son dignos, esas somos tú y yo.

Dios envió a Su Hijo unigénito por una mujer que no es digna como yo y una mujer que no es digna como tú, porque Su amor no está basado en nuestro valor. Eres Su bien amada, Su creación, Su idea. Y no ser digna es sólo una mentira que mantiene tu vida en pausa. Dios nos ha abierto un camino a ti y a mí, y ese Camino se llama Jesús.

La mujer que cree que Jesús es el Salvador enviado por Dios, es sostenida fuertemente y está segura dentro de Sus brazos amorosos. Yo creo que Jesús vino por una mujer que no es digna como yo, y estoy muy agradecida por eso. Mi vida entera *ya* ha sido rescatada. Eso significa toda mi vida, incluyendo el pasado que ha sido perdonado por Su gracia. Aun reina la esperanza.

Una mujer que está esperando ser rescatada debe acordarse a quien ella le pertenece. Cuando tú le perteneces a Dios, ya has sido rescatada. Lo que queda es la decisión de confiar en la mano invisible de Dios más que las circunstancias que nublan nuestra visión.

Por tanto, ¿qué es lo que una madre soltera con cuatro hijos debe hacer?

Dios me susurró: *Voltéate a mirar.*

La mejor manera

Dios tenía mucho más que una manera fácil para que yo me escapara. Un rescate con caballería hubiese sido tan sencillo para Él. Un parpadeo, un momento, una palabra dicha por el Soberano y hubiera sucedido. Él hubiese podido enviar un regimiento completo para rescatarme. Pero resultó ser que estas circunstancias no se tratan de que yo necesitara ser rescatada nuevamente. Se tratan de mi corazón y mi fe, y en la persona en que me estaba convirtiendo. Pero Dios tenía más para mí, cuando me susurró: *Voltéate a mirar.* Él venía a rescatar mi esperanza y a formar mi carácter y abrir un camino como nunca me lo había imaginado. Dios había venido con la mejor manera.

Yo creo que Él quería que su pequeña niña creciera delante de sus hijos. Él sabía que ellos se merecían una mamá que hubiese madurado y que fuera más fuerte ahora porque su carácter ha sido probado y aprobado. En realidad, yo no quería este camino. No quería esta forma distinta de ser rescatada. Realmente quería la manera más fácil. Le digo a mis amigas todo el tiempo: «Nadie debería tener tanto carácter». Pero por dentro estoy feliz. Sé más acerca de la fe y en cuanto a confiar en Dios de lo que hubiera sabido si la caballería hubiese venido.

Yo luché contra este camino en mi espíritu. La lucha era sobre no querer crecer o cambiar. No quería ser la única proveedora. No estaba interesada en las máquinas para cortar el césped o en el mantenimiento del auto. No quería soñar sin una persona con quien compartir mis sueños. Así que puse mi vida en pausa y luché contra el crecimiento que Dios quería.

Tal vez hayas puesto tu vida en pausa también, esperando una manera fácil para poder escaparte. Deseando otra clase de rescate, buscando cualquier otra forma excepto rendirte. Luchando en tu espíritu y rehusando aceptar todas tus responsabilidades. Quejándote porque estás sola. Yo sé; de veras. Pero Dios también te está diciendo a ti: «Voltéate a mirar».

Todos los planes increíbles que tiene para ti, la esperanza que Él da, y un futuro más allá de lo que te puedes imaginar. Todo aun está por delante de ti. Hasta una mamá soltera con dos o doce hijos, puede voltearse y ver que Dios es bueno. Su rescate todavía permanece. Tu vida grandiosa y fabulosa está por delante de ti. La mejor manera es voltearte y seguir caminando por este valle tenebroso hasta que puedas pararte en el monte del amor de Dios.

Escoger este camino significa que tengo que desistir de la espera. Ya es tiempo de vivir la vida que Dios quería que yo viviera desde el principio. Significa darme la libertad de soñar sueños nuevos para mí y para mis hijos, haciendo planes que no incluyan un rescate milagroso. Tomar responsabilidad, aun en las cosas pequeñas como aumentar mi seguro de vida, hacer un testamento, fertilizar el césped, y planear unas vacaciones para los cinco de nosotros. También significa confiar en Dios con más intensidad que la que jamás haya tenido con ninguna otra persona. Aprender a apoyarme en Sus promesas con todas mis esperanzas. Confiando completamente en Su fidelidad. Confiando real y totalmente que Dios va a cumplir lo que prometió mientras camino hacia el lugar que creo que Él me ha mostrado. Significa que oro y pido Su sabiduría. Me he determinado a vivir con pasión y luego me mantengo firme en esa determinación, descansando como un bebé en los brazos de su padre.

Esta vida a la cual me estoy volteando, me aterra y de todas maneras estoy corriendo con todas mis fuerzas hacia el horizonte de la bondad de Dios. A mi manera de ver las cosas, esperar es nada más que desperdiciar tiempo y solamente podemos vivir esta vida una vez. Quiero voltearme lejos de mi inseguridad y ver a Dios y a Su poder.

Lo pequeño y lo grande

Mientras que estaba esperando a lo que sea que me iba a suceder, puse casi todo en pausa, lo pequeño y lo grande. Una de las cosas pequeñas fue mi reloj. Cuando todavía estaba casada, mi reloj se rompió totalmente. Nunca me compré otro, mayormente porque parecía ser un gasto innecesario y que podía usar el dinero en otra cosa. Después de mi divorcio, tenía menos dinero y un celular en el cual podía ver la hora. Nunca le dije esto a nadie, pero me había puesto en la mente que tal vez un día habría un hombre que me amara tanto, que me querría comprar un reloj. No una cosa barata, sino algo suntuoso que le daría a la mujer que ama.

Para principios del año pasado, aun estaba sin reloj, todavía más o menos esperando... Probablemente había pasado *ocho* años esperando sin reloj. Pero en enero, cuando estaba viajando con Taylor, decidí dejar de esperar que el amor me comprara un reloj. Sé que esta es la cosa más ridícula que hayas escuchado en tu vida, pero finalmente me hice de las fuerzas necesarias y me compré uno. Y no sólo me compré un reloj, sino que me di el gusto y obtuve exactamente la clase que yo estaba deseando que algún hombre me comprara. Tiene diamantes bien pequeñitos con una correa de acero inoxidable, y tiene la forma exacta que a mí me encanta. Me gusta mirarlo a cada rato. Es sólo un reloj, pero para mí tuvo más significado correrme este gusto. Significó que decidí seguir viviendo mi vida y paré de estar mirando mi celular para ver la hora, sólo porque tenía un sueño loco sobre un hombre y un reloj.

Lo más grande sucedió unos cuantos meses después. Mis hijos y yo compramos una casa, hace dos años atrás. Ese fue un gran paso por sí solo, pero teníamos que vivir en algún lado, y conseguir esa casa se sintió como una bendición venida directamente de la mano de Dios. Pero antes de que nos mudáramos, le empecé a decir a todos: «Me fascina esta casa, pero algún día tendremos que hacer *algo* por esa cocina que tiene». ¿Tú sabes como uno compra una casa en el lugar donde uno quiere vivir aunque no todo se encuentre a tu satisfacción? Eso fue lo que hicimos. Compramos una casa bien grande con una cocina larga y angosta, porque estaba localizada justo en medio de toda la gente que queremos mucho. Pero ahora, después de dos años, cuando los cinco de nosotros nos metemos en la cocina con cuatro o cinco amigos más, y entonces alguien abre la refrigeradora al mismo tiempo en que alguien abre la lavadora de platos, toda la cocina queda obstruida y me dan ganas de gritar.

Aun antes de firmar los papeles para comprar la casa, empecé a soñar. Un día, vamos a derribar el muro trasero y vamos a unir la sala de estar con la cocina para hacer una cocina a la cual todos serán bienvenidos, elegante, totalmente nueva, repleta de armarios, con estufa de gas y doble horno, que toda la familia junto con sus amigos puedan usar y disfrutar. Y hablaba sobre esto y pensaba sobre esto. Oraba acerca de esto. Compraba revistas de cocinas en los aeropuertos y dibujaba pequeños planos de las renovaciones en el dorso de mis boletos de avión. Pasé preocupada, quejándome y contando mi dinero, y por estos últimos dos años estuve deseando que alguien viniera y nos comprara una casa diferente con una cocina grande para que así yo no tuviese que tomar esta decisión totalmente sola.

La gente te mira como que si estuvieses loca cuando le dices que tus hijos no se quieren mudar de este lugar, así que vamos a derribar la parte trasera de esta casa y la vamos a renovar. Por alguna razón pienso que no me mirarían así si tuviese un esposo parado a mi lado. Pero sin un esposo, me miran así, y me hace dudar de mí misma. Me preguntan: «¿Estás *segura*?» Y yo siempre les digo la verdad: «No».

La verdad es que no necesitamos una cocina más grande. Ni siquiera necesitamos toda la casa que tenemos ahora. Podríamos vivir en una sola habitación si lo tuviésemos que hacer. Pero realmente seria bueno y estos son los años en los que la disfrutaríamos. Podría invitar a todo el grupo de jóvenes cuando yo quisiera. Me gusta esa clase de cosas. Mucha gente, comida y música. Eso me hace realmente feliz. Así que creo que quiero hacerlo y la gente todavía me mira raro.

Lo que es difícil es que no hay nadie, absolutamente nadie que se siente a la mesa conmigo frente a frente, mire las páginas que saqué de las revistas y los dibujos que hice a lápiz y me diga: «Cariño, construyamos esta cosa y divirtámonos en el proceso». Tomar esta clase de decisión sola ha sido una de las cosas más difíciles que he hecho en mi vida. Finalmente me di cuenta de que podría quedarme esperando para siempre para que alguien me llamase por teléfono y me dijera: «Oye, construye la cocina. Va a ser genial y vas a estar feliz que te decidiste hacerla».

Así que más como un acto de determinación por seguir viviendo y creciendo, llamé a un albañil quien llamó a un arquitecto. Entonces el albañil me dijo: «Angela, si no estás cien por ciento segura, no tenemos que hacer esto».

«Nunca voy a estar cien por ciento segura», le dije. «Todos los hechos dicen construye. Todos mis cálculos dicen que sería algo genial en cuanto a inversión y en cuanto a mi familia. Pero soy la clase de persona que probablemente nunca me sentiré segura hasta que otro me diga que sí lo puedo hacer. No hay nadie que lo haga, así que construyamos de todas maneras».

En este mismo instante, en la mesa que está frente a mí, se encuentran los planos y el contrato firmado para la construcción de la cocina. Estamos esperando que inspeccionen el terreno y el albañil cree que vamos a poder vaciar las bases en un par de semanas. Probablemente todas las personas que conozco están susurrando detrás de mis espaldas: «¿Qué locura está haciendo ella ahora? Esa mujer siempre tiene que estar revolviendo las cosas».

Pero fue como que si el Señor me estuviese diciendo: Angela, voltéate a mirar. Un día estos niños se van a ir de la casa y todo lo que vas a necesitar será un plato caliente y una mini refrigeradora. Hay una diferencia entre hablar acerca de vivir y de vivir realmente. Estos son los días. Construye la cocina y ama a cada persona que se siente alrededor de tu mesa.

Sé que sólo es una cocina, pero el proceso ha sido enorme para mí. Para voltearme y mirar, y luego correr hacia lo que está por delante de mí. ¡Ay! Casi no puedo creer que esta mamá soltera está usando un reloj y está siendo tan valiente.

Mis lecciones de voltéate a mirar

VOLTEARSE ES UNA ELECCIÓN. Alguien dijo que uno cree en lo que uno se enfoca, sea cierto o no. Tú eres la única que puedes decidir si vas a voltear tu enfoque lejos de lo que has creído hasta ahora, y tornarlo hacia el horizonte donde hay esperanza. Nadie más puede elegir por ti.

Tal vez no elijas voltearte. El temor vencerá. Tu vida seguirá siendo la misma y todo lo que te está esperando para que lo descubras permanecerá oculto, un tesoro que elegirás no encontrar. Pero estoy orando para que esa no sea tu elección.

LA HABILIDAD DE VER DE UNA FORMA DIFERENTE NO SE LE CONCEDE A AQUELLOS QUE NUNCA MIRAN HACIA ARRIBA O HACIA LO DESCONOCIDO. Un día yo estaba viajando con una de mis hijas. Cuando empezamos a ascender después del despegue, ella miró hacia abajo y dijo: «Mamá, todas las casas y los autos se ven igual desde acá arriba». Eso me encantó. Desde su perspectiva, ninguna casa era más grande que otra y ningún auto era más nuevo que otro. Al tener una perspectiva diferente, no había necesidad de comparar.

Tus circunstancias podrán permanecer iguales, pero cuando decidas voltearte a mirar, quizás una perspectiva diferente sea lo que te dé la nueva visión que necesitabas.

LA VIDA SEGUIRÁ SIN TI. Supongo que eres igual que yo y que ya te has perdido de mucho. No es necesario desperdiciar un día más. Hoy puedes voltearte y ver que Dios es bueno. Sus promesas son para ti. Y realmente, tus mejores años te están esperando.

Entonces, ¿cómo viviremos?

Espero que para ahora ya estés empezando a ver y a creer que Dios puede abrir un camino donde nada te ha parecido posible. Estoy orando que te estés volteando con la intención de tu corazón, con la plenitud de tu pasión, y que estés empezando a soñar nuevamente. Si no, desearía poder tomarte de la mano y llevarte al campo más cercano para señalarte el horizonte. Para susurrarte: «¿Puedes ver eso? Tu vida entera todavía está por delante de ti. ¿Puedes ver a Dios allá, llamándote hacia los planes que Él tiene para ti y para tus hijos? ¿Puedes escucharle diciendo tu nombre y dirigiendo tus pasos?»

Sé que eres una madre soltera, y por alguna razón la mayoría de nosotras bajamos la cabeza y sentimos vergüenza cada vez que alguien nuevo actúa como si él o ella estuviesen buscando un sueño. Puede sentirse como que el soñar, planear y construir una vida son cosa del pasado. Pensamos: *Sólo mantén la cabeza agachada y cría a estos niños*. No sé por qué nos sentimos un poco como de segunda categoría, pero sí nos sentimos así. Podemos actuar como si no fuésemos una familia completa, cuando de hecho, lo somos. Cubrimos la inseguridad al pretender. Es un equilibrio emocional extraño. Luchamos por ser completas, deseando que las cosas fueran diferentes, tratando de ser valientes, y marchando hacia el plan de Dios de todas maneras.

No sé todo acerca de esta jornada, pero estoy segura de que cada vez que Dios está involucrado, se supone que vivamos con pasión y con propósito. Veo que demasiadas de nosotras estamos esperando para vivir, mirando, agachándonos, ocultándonos, sonriéndonos detrás de nuestros hijos.

¿Cómo viviremos siendo madres solteras? Pienso que debemos ser superchéveres, *especialmente* la mujer que le pertenece a Dios. Válgame, si alguna vez habíamos necesitado tener fe, ahora es cuando la necesitamos. Si alguna vez habíamos necesitado creer que somos salvas, es ahora. Si alguna vez habíamos necesitado vivir con poder y con fortaleza, estos serían los días. Dios ha abierto un camino para mujeres como nosotras y es tiempo de poseer todo lo que Él tiene guardado para nosotras.

No dejes que tus circunstancias te engañen. No dejes que tu corazón se endurezca a causa de las desilusiones. Jesús dijo:

> *Les ha cegado los ojos*
> *y endurecido el corazón,*
> *para que no vean con los ojos,*
> *ni entiendan con el corazón*
> *ni se conviertan; y yo los sane.*
> (Juan 12.40)

Voltéate hacia Dios. Ahora, ¿qué ves?

Yo veo a cuatro niños creciendo bajo las alas de una mamá que está siendo redimida y sanada. Cuatro adultos que salieron mejor de lo que cualquiera hubiese esperado. ¿Puedes escuchar la música de graduación Pompa y Circunstancia, sonando alegremente? Yo sí. Y habrá matrimonios, y si aun estoy viva, habrá bailes, nietos que consentir, aventuras que tomar, manos que tomar, y por allá lejos, más allá del horizonte, veo una pequeña mesa en una plaza en Florencia. Allí está un violinista ambulante, unos artistas de acuarela armando su exposición para el día. Se puede sentir el aroma del humo de las castañas asadas, y hay una mujer sonriéndose y tomándose un capuchino. En su mesa, frente a ella, un hombre que está locamente enamorado de ella. Él sabe que ella es una madre de cuatro, y él piensa que eso la hace ser fabulosa. Él ha visto su corazón remendado y piensa que la belleza de un corazón contrito es su mejor atributo. Ella cierra sus ojos y susurra una oración:

«Dios, gracias por voltear a esta mamá temerosa lejos de su dolor y por dirigirme hacia la esperanza».

¿Y ahora cómo viviremos? Viviremos como si todo lo que Dios prometió es verdad.

Dios está aquí. Él está listo para sanar y restaurar y hacer una vida nueva para ti. Voltéate a mirar.

Una vuelta.

Alzando los ojos entrecerrados hacia el horizonte.

Respira hondo.

Un paso y luego otro...

Hasta que empieces a correr.

el amor tiene la última palabra

Aldyth preguntó si ella podía llevarnos a Carla y a mí a cenar. Fue un fin de semana de conferencias increíble para todas nosotras, en mi primer viaje a Sudáfrica. Mi amiga Carla viajó conmigo y como en dos días yo había dado siete charlas. Conocimos a cientos de mujeres extraordinarias, absorbimos su historia y cultura, escuchamos historias que nos rompieron el corazón y oramos con las mujeres que nos pidieron oración. Nos quedamos despiertas hasta tarde, nos levantamos temprano, abrazamos a más mujeres de lo que pudimos contar, y para cuando nuestra anfitriona y nueva amiga Aldyth, nos llevó a cenar ese domingo por la noche, ya habíamos dado hasta la última gota de emoción y compasión que vinimos a dar.

Las dos quedamos sumamente agotadas. Completamente vacías y exhaustas, y aun así nos estábamos deleitando en los días increíbles que acabábamos de tener. Comida fenomenal, en un restaurante fenomenal, sonaba perfecto. Sólo quería sentarme, comer y sonreírle a Dios por todas las cosas que Él había hecho.

En la mitad de la cena, Aldyth, una mujer sudafricana que habla el inglés muy correctamente, me dijo: «Angela, hay algo que he querido decirte».

Recuerdo haberme sentido ansiosa cuando ella dijo eso. Temía que sin querer hubiese ofendido a la mitad de Sudáfrica al haber usado mi sentido de humor americano, y que quizá les cayó mal. Me enderecé en mi asiento y pensé: *Nooooooooo, ahora no. Estoy muy cansada como para que me regañes. Apresúrate y dime lo que tienes que decirme. Salgamos de esta de una vez.*

Ella continuó diciendo: «Todo el fin de semana le he estado preguntando a Dios, ¿qué es lo que tiene Angela? ¿Por qué es que la queremos tanto?»

Me senté allí, mirándole a los ojos y buscando en ellos una clave para saber de qué exactamente me iba a hablar. No me podía imaginar qué era lo que ella estaba a punto de decirme.

«Angela, yo creo que te queremos mucho porque... porque eres tan... ordinaria».

Hasta el día de hoy me sonrío al acordarme de su honestidad. Esas fueron las palabras de aliento más verdaderas y profundas que me hayan dado en mi vida. No creo que Aldyth me hubiese podido dar un mejor cumplido que ese, ya que en esas pocas palabras que me dijo, es como que si me hubiese dicho esto: *Dios, en Su divina sabiduría, decidió que una mujer ordinaria que vive en Tennessee, empacara sus maletas ordinarias, y se pusiera sus pantalones ordinarios, y se peinara su cabello ordinario, y manejara su auto ordinario hacia el aeropuerto, con su amiga ordinaria, y que tomara el avión ordinario, para que fuese a decirle a unas mujeres ordinarias su historia acerca de dolores, desilusiones y sufrimientos ordinarios*. Pero cuando una mujer ordinaria y contrita se ha colocado sobre el altar de Dios totalmente, Él se inclina en Su misericordia. Él viene corriendo con compasión. Y cada vez que una mujer ordinaria coloca su verdad sobre el altar de Dios, Él promete levantarla y hacerla extraordinaria con Su sanidad, Su redención, Su misericordia, y Su amor desmesurado e inagotable.

Tal vez esta mañana te despertaste en tu cama ordinaria y te volteaste a ver tu almohada ordinaria donde ningún hombre ordinario se acuesta. Te metiste en tu baño ordinario y te quedaste mirando a esa mujer ordinaria con hinchazón bajo sus ojos ordinarios. Te pusiste tu ropa ordinaria y te hiciste un desayuno ordinario, les diste un beso a tus hijos ordinarios y manejaste tu auto ordinario a la escuela ordinaria. Te dirigiste apresuradamente a tu escritorio ordinario en tu trabajo ordinario, con esa gente ordinaria con sus excusas ordinarias. Luego miraste hacia el cielo y escuchaste a tu corazón contrito gritar: *¿Qué es lo que va a hacer Dios con una mujer ordinaria como yo?*

Quizás en este mismo instante necesitas oír la voz de Dios diciéndote: Oye tú, la que lleva la carga pesada, colócala aquí delante de mí. Todos tus sueños, tus inseguridades y tu dolor. Todo lo que esos niños quieren que seas. Toda tu preocupación y las responsabilidades que son demasiadas para que las lleve una mujer. La desilusión sobre cómo tu vida cambió. Tu debilidad y tu fatiga, y tu cuerpo adolorido. Las necesidades constantes que nunca se acaban y las pequeñas batallas que simplemente te arrancan el gozo. Colócalo todo en el altar y ven hacia mí. Ven en tu manera ordinaria. Está bien. Yo hago cosas extraordinarias con mujeres ordinarias como tú. Estas circunstancias no van a vencerte. El amor tiene la última palabra.

Mis lecciones de amor

EL AMOR SANA. Unos cuantos años después del divorcio, una de mis niñas empezó a llorar mucho, a enfadarse, a golpear a otros y luego marcharse a su cuarto dando pisoteadas. Apenas entendí que mi hija estaba sufriendo y no es que era mala, la llevé a una consejera y le pregunté: ¿Por qué ahora? ¿Por qué no al principio? ¿Por qué ha pasado todo este tiempo y *ahora* es que mi hija se está enojando? La consejera me dijo que esta niña en particular era una persona «rellena». Esta clase de persona pretende estar bien, oculta sus lágrimas, miente acerca del dolor que siente, y sonríe para hacer felices a ambos padres. Pero con el tiempo, esta persona se llena hasta el tope como le pasó a mi hija y todo lo que había estado guardando por dentro, sale: Enojo, profunda tristeza y frustración.

Así que seguí llevando a mi hija «superrellena» a la consejera que cobraba noventa dólares la hora, para que pudiese meterle a mi hija una palanca en el corazón y forzar a la que estaba llena a que se le saliera toda la melancolía. Yo seguía pensando: *Si esa niña tan sólo pudiese vomitar, bueno, la haría sentirse mejor.* La consejera dulce, amable y de buen corazón, siempre me *decía* que había tenido una sesión fabulosa con ella, pero mi hija nunca hablaba. Ni una palabra. No compartía. Nada. Sólo seguía guardándose las cosas y sintiéndose enferma. La cosa que supuestamente iba a ayudar a mi hija herida, solamente nos dejó mirándonos la una a la otra.

Finalmente, después de varias semanas de consejería que no daba resultado, decidí parar lo que no estaba funcionando y ahorrarme mis noventa dólares.

Pero aún no sabía qué hacer.

Finalmente, no por ser sabia precisamente, sino porque no me quedaba nada más por intentar, hice que la niña que estaba llena hasta el tope, con lágrimas en los ojos, recién castigada por otro arranque de ira que tuvo, se sentara para recibir una lección de amor. Esto es más o menos lo que le dije:

«Tienes razones de más para estar enojada conmigo, con el resto de la familia, y con todas las personas que respiran. Y yo nunca fui una hija de padres divorciados, así que estoy segura de que no tengo idea de la clase de dolor que llevas por dentro. Yo entiendo. Entiendo completamente por qué estás enojada. Tiene sentido. Pero aunque lo entiendo, hay un par de cosas que no puedo permitir.

»No puedo permitir que golpees a alguien por estar enojada. Vas a tener que usar palabras para decir la verdad, y decirme a mí o a otra persona lo que está pasando dentro de ti.

»Tampoco voy a permitir que te quedes así. No puedo dejar que empieces a buscar consuelo en la amargura. A veces la vida no sucede como uno lo planea. Ninguna de las personas que viven en este planeta está exenta de sufrir dolor o desilusión. Lo que importa es lo que haces con lo que te ha pasado. La amargura te va a mantener encerrada en una jaula por el resto de tu vida. No voy a permitir que una hija mía piense ni se comporte de esa manera. Además, te ves tan desdichada dentro de esa jaula.

»Mírame cariño. Esta es la promesa que te quiero hacer. Mi amor por ti no tiene fin. Yo te amo totalmente, desenfrenadamente y sin ninguna vergüenza. Tu papá te ama locamente. No me voy a ir a ningún lado. Estoy aquí para ti y creo en ti, y una actitud muy horrible o hasta un día muy horroroso, no va a cambiar lo que siento por ti. Tú vives en esta familia y nuestro amor es fuerte. Voy a estar en tu equipo por el resto de tu vida. Cada vez que te presentes, o te pares y saques tu cuerpecito lindo y pequeño de la cama, voy a estar vitoreando por ti como una de esas mamás loquitas que están en las gradas.

»Vamos a salir de este lugar triste en que estamos y vamos a salirnos de cualquier otra cosa que nos venga. Soy tu mamá y no le tengo miedo a las cosas duras, ni temo hacer lo que tenga que hacer para poder amarte bien. Te quiero mucho, mi cielo. Todo va a estar bien. Vas a ser una persona increíble con el corazón de compasión más grande que existe. Dios va a usar ese corazón tuyo para cuidar a personas alrededor del mundo. Estoy ansiosa de ver las cosas grandes y maravillosas que Él va a hacer contigo».

¿Y sabes qué sucedió después de esa conversación sobre te-amaré-no-importa-qué? Mi hija rellena se levantó un poco diferente al día siguiente. Así que me incliné con un poco más de amor y les pedí a mis otros hijos que fuesen pacientes con la malhumorada. Cuando la triste me pasaba por delante, le decía algo como: «Cuando sonríes, tu sonrisa abarca toda la cocina». Y el próximo día fue un poquito más fácil. Con un poco más de amor, continuo y consistente, mi hija iracunda llegó a estar total y absolutamente calmada y contenta.

Creo que el amor sanó a esa niña. Así como el amor me está sanando a mí. Estoy aprendiendo que el amor tiene la última palabra acerca de cosas como el dolor. Puedes leer libros fabulosos sobre técnicas de sanidad y tomar ventaja de meses de la consejería que necesites. Todas son herramientas maravillosas, pero cuando entra el amor, ¡cuidado! Alguien se va a sanar.

EL AMOR HIZO QUE ME DIERA POR VENCIDA. Cuando mis dos primeros hijos nacieron, yo estaba segura de que iba a ser una mamá increíble. Probablemente me hubiera podido ganar algún tipo de trofeo en mi ciudad si hubiese habido una competencia para ver quién podía empacar la mejor bolsa de pañales que tuviese todo lo que se necesitara en caso de cualquier desastre. A los dos los vestía iguales con monogramas en los cuellos de sus camisas y luego me ponía algo que combinara con mis bebés. Ellos siempre me tomaban de la mano y me obedecían cuando hablaba, comían comida saludable y todos los días se tomaban una siesta de dos horas. Los inscribí en actividades instructivas y lo llevé a todos los campos de juegos que había dentro de unas cien millas de distancia. En esos primeros años cuando ellos eran bebitos, yo estaba realmente orgullosa de mí misma y de las habilidades de súper mamá que tenía. Y estoy segura de que mi comportamiento excesivo (y repulsivo) estaba llegando a ser intolerable para los demás. Una mujer luchadora no es atractiva. Yo era una mamá luchadora.

Ni hablar en cuanto a que me había estresado completamente hasta llegar a la esfera externa del olvido por las expectativas ridículas que me había puesto a mí y a mis hijos. Había resuelto que ellos iban a asistir a las mejores escuelas para la edad preescolar, a tener los mejores maestros y a saber más acerca de Dios de lo que cualquier niño de cinco años pudiese comprender, y con el tiempo se convertirían en los mejores cirujanos y abogados, y servirían a niños pobres alrededor del mundo.

Vivir y amar a mis hijos como madre soltera ha hecho algo casi milagroso por mí. Quedé tan abrumada al tener que proveer para cuatro, que tuve que dejar de tratar de convertirlos en pequeñas personas perfectas. Estoy aprendiendo a ver quiénes son y cómo han sido diseñados, y a dejar que se desarrollen ellos mismos. Sus propias peculiaridades y personalidades fascinantes son como tesoros que no han sido descubiertos. Ha sido un cambio enorme para mí dejar que les guste lo que les gusta y luego disfrutarlo con ellos.

Grayson y William me acaban de llamar. Acaban de regresar del parque de patinetas más fabuloso que existe, mientras estaban visitando a su papá. Sólo para que lo sepas, si yo hubiese escogido una actividad para mis niños, estoy segura de que no hubiese escogido el deporte de las patinetas. Pero a ellos le encanta. Se gastaron su dinero comprando tablas hechas de encargo, rodamientos, lijas y zapatos absurdamente caros. Mis hijos están completamente enamorados de este deporte.

—¡Hoy estuvo genial, mamá! Debieras haber estado allí. Tienen diferentes clases de rampas y una con forma de semitubo, tenían pasamanos y pistas enormes para hacer clavados con las patinetas.

—¡Ay, mi amor! Suena como si tuvieron el mejor tiempo de sus vidas. ¿Les asustó la pista para hacer los clavados?

—Sí, pero nos encantó. Tienen un balcón donde los padres pueden venir a ver. Mamá, tienes que venir.

—Ya estoy muy ansiosa. Estaré orando mientras ustedes me asusten.

Risitas, risitas. «¡Genial!»

Mis hijos piensan que van a ser patinadores profesionales y que con ello ganarán dinero suficiente para cuidar de sus familias, con todos los patrocinios que obtendrán de los fabricantes de patinetas, bebidas isotónicas, chicles y cosas como esas. Hace como unos cinco años atrás, la posibilidad de tener patinadores profesionales en la familia me hubiese vuelto loca. Hubiese aprovechado cada oportunidad para corregir sus pensamientos inmaduros y la lógica de patinador chulo que tenían. Quizá también le hubiese partido el corazón.

Mis hijos asisten a una escuela en la cual usan uniformes y tienen un código de vestir. Eso me encanta. Es de lo mejor que mis cuatro hijos no tengan que pensar sobre qué van a usar en las mañanas. La parte más difícil es que todos se acuerden de ponerse un cinturón antes de salir por la puerta. Aparte de eso, pienso que los uniformes son fenomenales. Pero sí tenemos problemas en cuanto a los cabellos. La escuela quiere que los tengan bien arreglados y a los chicos patinadores les gusta grande y esponjoso. Grayson ahora está concentrándose en su cabello y eso lo de bien arreglado le está arruinando su estilo. La mamá de antes que está dentro de mí, hubiese guardado las reglas al pie de la letra, y hasta hubiese sido más estricta que la escuela. La mamá que está siendo transformada por el amor, descubrió que sólo es cabello. Así que le dije, «Grayson, tenemos que obedecer las reglas. La escuela tiene reglas acerca del cabello y es importante respetar su autoridad. Pero qué te parece esto: puedes dejarte crecer el cabello justo hasta el borde de su código de vestir». Él piensa que estoy siendo chévere. Yo sé que estoy cediendo al amor.

Tengo las expectativas de que mis hijos probablemente no lleguen a ser patinadores profesionales, pero el amor me está enseñando a resignarme. A ver más allá de las cosas pequeñas y a que me importen más sus corazones. Tengo niños buenos, eso sí lo sé. Y aun si ellos deciden ir por la vida dando patadas y volteretas con sus cabellos greñudos, todavía serían niños buenos con un buen corazón, que patinan para ganarse la vida.

El ser una mamá soltera que está aprendiendo a amar mejor, me ha suavizado. Tal vez no se gradúen de la universidad de Harvard, pero espero que sean inteligentes en cuanto a las cosas que les gusten, que se rían bastante, usen ropa con estilo, y que escuchen más a Dios en vez de tratar de vivir de acuerdo a unas normas tontas de conducta que su madre les impuso.

El amor hizo que me diera por vencida y la carga pesada de rendir más de lo esperado, se me quitó.

EL AMOR CUBRE TODA CLASE DE DEFECTOS. Mis hijos, que Dios me los bendiga, recibieron a una mamá imperfecta. Además de no tener habilidades en cuanto a cosas artísticas, tengo muchísimas más imperfecciones. No puedo nadar muy bien, así que soy un poco paranoica cuando estoy alrededor del agua. No puedo mantener mis ojos abiertos después de las diez de la noche, así que eso me impide ser una mamá genial que saque a los niños a comprar donas por la medianoche. No me gusta el desorden; por tanto, las cosas que ensucian, como la pintura, o limo hecho en casa, o papel maché, tiene que quedarse afuera, preferiblemente en la casa del vecino. Me gusta armar rompecabezas, pero no tengo mucha paciencia para los juegos de mesa. No veo la televisión, así que no entiendo cuando están repitiendo un comercial que vieron en el canal de dibujos animados. Tengo más, pero no voy a darte la colección de los tres volúmenes que contiene mi naturaleza defectuosa.

Lo que quiero que sepas es que el amor me cubre de una manera divina. Y el amor sigue venciendo. Mis hijos se han involucrado y nuestro hogar es feliz, bendecido y está funcionando. Y la razón por la cual está funcionando tiene que ser el amor.

EL AMOR TE HACE OLVIDAR. Hay una cosa rara acerca del alma femenina. Nosotras podemos acordarnos intrínsecamente de todas las veces que un hombre nos ha tratado mal, quién nos hirió, y los detalles sangrientos. Y si nos dan un minuto, podemos acordarnos de cómo estábamos vestidas cuando sucedió. Tener una mente tan precisa y afinada, es una carga muy pesada. Toma mucho más tiempo perdonar, si no te puedes desconectar de las nimiedades de una vez que fuiste ofendida.

Pero el amor, el amor pareciera tener un borrador. Cuando te enfocas más en prodigar amor que en guardar rencor, eso borra la transgresión ocasional. Así que, edifica el amor. Siembra semillas pequeñas de amor en los corazones de las pequeñas personas que se parecen a ti. Cuando te concentras en amar, practicas amor, lees acerca del amor, y *cambias* por amor, los recuerdos dolorosos empiezan a disiparse.

Cuando el amor te domina, ya no tienes tiempo para tenerle rencor a nadie. El amor tiene otras cosas más importantes que hacer, aventuras que vivir y niños que criar. Probablemente suena increíble, pero no me puedo acordar mucho de los cinco años que acaban de pasar. No me malentiendas; tengo heridas acumuladas. Si me detengo a pensar, podría empezar a acordarme de quién me hizo daño. Pero eso no importa. El amor me está ayudando a crecer y más.

EL AMOR DE DIOS RESCATA Y PROTEGE A LOS QUE LE INVOCAN. Es una cosa decir algo tan espiritual como esto y otra cosa totalmente diferente que lo hayas experimentado. Yo he sido la mujer atada a los rieles del ferrocarril mientras se aproximaba el tren. He estado sin tener ni el camino ni los medios para salvarme a mí misma. Estaba desesperada por tener un héroe.

La gente me pregunta todo el tiempo: ¿Cómo lo lograste? ¿Cómo pasaste de cero a la esperanza? La verdad es que fui rescatada por el amor de Dios.

Cuando no tenía ni idea en quien podía confiar, invoqué a Dios.

Cuando no tenía dinero para pagar la renta, le supliqué a Dios.

Cuando pensé que quizá mis niños iban a sentirse abatidos, clamé a Dios.

Cuando temía a mis acusadores, corrí hacia Dios.

Dios *vendrá* a rescatarte y a protegerte a ti y a tus hijos. Tal vez hayas ido a alguna otra parte. Quizá trataste con tus propias fuerzas. Lo único que sé con seguridad es: «Confía en Dios». Confía que cada una de Sus promesas es verdadera. Sé que todavía no estás lista para confiar en nadie, pero te ruego encarecidamente que vivas como si confiaras en Él, que hables como si confiaras en Él, y que pongas tu cabeza sobre la almohada y duermas como si confiaras en Él.

¿Qué otra cosa nos queda? No tengo a más nadie ni en el cielo ni en la tierra que pueda cuidar de mí de esta manera. La consistencia de Dios ha sido asombrosa para todos los que me conocen. Me acuerdo haberle dicho a mi abogado muchas veces: «Vamos a caminar a través de esto con Dios». No creo que enseñen eso en el Colegio de Abogados, pero él fue cortés y me dejó balbucear en cuanto a que yo confiaba que Dios me iba a proteger. Mi abogado tomó mis instrucciones acerca del camino recto y escoger seguir la sabiduría que enseña el libro de Proverbios. Estoy segura de que tuvo muchas dudas por el camino. De hecho, estoy casi segura de que hubo días en los que pensó que yo tenía que dejar de hablar sobre Jesús. Pero pienso que hoy él te diría que no puede creer cuán bueno Dios ha sido conmigo y con mis hijos.

Nos han pasado tantas cosas increíblemente injustas, pero Dios tiene un principio de restauración que sigue funcionando a nuestro favor, una y otra vez. En el libro de Joel, Dios nos habla a ti y a mí a través del profeta: «Yo les compensaré a ustedes por los años en que todo lo devoró ese gran ejército de langostas» (Joel 2.25). Mi consejera ha declarado este versículo sobre mí varias veces. No puedo decirte cuántas personas han orado por mí esas mismas palabras. Y la verdad más convincente que te tengo que decir es que Dios nos está compensando. Siento como que si años enteros de mi vida fueron devorados por langostas. Pero lo que las langostas devoraron de mi vida, Dios está cumpliendo Su promesa de devolvernos todo, multiplicado.

Todo el tiempo me molesta que aun tengamos que luchar contra la maldad y la necedad. Y un mundo caído significa que todavía viene más. Pero voy a hacer lo único que sé hacer y buscar el amor de Dios. Y luego reposar.

DONDE HAY AMOR, FINALMENTE HAY ESPERANZA. Al principio de mi vida como madre soltera, no pienso que tenía mucha esperanza, pero sí tenía un imperecedero «amor de mamá» hacia mis hijos. Tú sabes la clase de amor a la que me refiero: la clase que te ayuda a sobrevivir ese par de años que ni recuerdas cómo fue que llegaron a comer. Pero ¡y quien lo iba a decir! Todos comieron cada día porque el amor te levantó, te llevó al supermercado y te ayudó.

Es la clase de amor que te mantiene jugando el juego de cartas UNO cada noche antes de acostarte, cuando todo lo que puedes ver son colores porque estás tan exhausta. La clase que te lleva de cama en cama para rascarles las espaldas a tus niños somnolientos, mientras que tu corazón anhela que alguien pusiera su mano en el centro de *tu* espalda y te masajeara suavemente hasta que *tú* te durmieras.

El amor de mamá es el amor que nació dentro de nosotras el mismo día en que nuestro primogénito recién nacido respiró.

Fue este amor que me hizo decidir que mis hijos necesitaban una mamá que estuviese emocionada de estar viva, que buscara lo bueno en ellos, en nosotros y en las circunstancias a las cuales nos enfrentáramos. Que rechazara la autocompasión, perdonara y actuara como si el perdón realmente perdona. Que crea durante la oscuridad, que me levante cuando lo que quiero hacer es caerme, que actúe con valentía porque creo en Dios. Creo que Él realmente nos ama y creo que el amor siempre gana.

No tengo ni la menor idea de lo que el futuro nos depara a mí y a mis hijos. Me imagino que todavía habrá dolor y sorpresas desagradables, y más batallas que librar. Pero lo único que sigue renovando mi fe es mi amor por ellos y el amor de Dios por todos nosotros. Y donde hay amor, finalmente aparece la esperanza.

EL AMOR REMUEVE LA PIEDRA. Hoy es Viernes Santo. Sé por qué lo llaman así, pero honestamente, hoy se ha sentido más como viernes triste o viernes negro. He estado pensando en Jesús todo el día entero. Hoy todo el mundo marca el sacrificio que Él hizo. La pasión de nuestro Cristo. La Cruz. Su muerte. El dolor y la profunda tristeza al recordar a nuestro Mesías: golpeado, herido en el costado y clavado en la cruz para pagar por un castigo que nunca mereció. La Biblia dice que el sol paró de brillar cuando Jesús murió. El cielo se partió y toda la creación lloró.

En esta tarde he estado pensando en aquellos que amaban a Jesús. Los discípulos, su madre, los otros que le habían seguido a Jerusalén ese domingo de Ramos. ¿Puedes imaginarte cómo se sintieron al ver que estaban metiendo a su Esperanza en una tumba y que cubrieron la entrada con una piedra? Mientras caminaban durante esa noche oscura, tuvieron que haber regresado a sus casas sintiéndose totalmente desconsolados y vacíos. Inconsolables y llenos de un dolor grave e insoportable. Estoy segura de que no hubo alivio para el profundo pesar que sentían.

Seguramente se sintieron como si todo estaba perdido. Nada más importaba después que Jesús murió. Él había sido sus vidas y esperanza para el futuro, y ese día, viernes, Él ya no estaba.

Acabo de irme a caminar y comencé a pensar sobre la espera. Una piedra cubriendo la entrada. El Salvador ahí dentro. Todo el Reino de los cielos esperando en la tierra, conteniéndose la respiración santa, con paciencia justificada, con ansias y expectativa por lo que iba suceder, esperando ver el poder de la Resurrección.

Estimada mamá soltera, ¿han cubierto la tumba que contiene tu esperanza con una piedra? ¿Tu corazón se siente como si estuviese muerto? ¿Sufres y te lamentas con una tristeza profunda? Te pido que esperes. Espera una espera santa por la resurrección prometida. Espera a que Dios envíe ángeles para remover la piedra. Espera en honradez y rectitud. Espera en tu dolor, espera con anticipación, Él está llegando. El Señor realmente ha resucitado y Su poder prometido vendrá para quitarte la profunda tristeza.

Voy a esperar contigo frente a la tumba de nuestro dolor. Jesús vive y es el que nos va a salvar ahora y por toda la eternidad. Y Él viene con todo el poder de su resurrección. Él enjugará toda lágrima y restaurará toda esperanza, a algunos en esta tierra y es una promesa para todos allá en la eternidad. Esperemos con expectativas. Concentrémonos en Él. Amemos a nuestros hijos bien. El amor removerá esta piedra y el amor tendrá la última palabra.

• • •

Al principio de este libro, te dije que estoy absolutamente segura de que esta no es la forma en que debiera ser. Madre soltera. Una casa llena de niños. Una vida quebrantada. Corazones heridos. Luchando. Cometiendo muchos errores. Unos cuantos pasos en la dirección correcta. Todavía estoy segura de que los niños deben criarse con dos padres que se quieren mucho. Pero algunos días me pregunto... me pregunto si soy una mejor mujer por haber pasado por todas estas luchas. Me pregunto si mis hijos van a ser más fuertes por todo lo que hemos pasado juntos. Me pregunto si todos amamos más profundamente y aceptamos las bendiciones mucho más rápido porque sabemos cómo es que se siente vivir solos y con temor.

Me pregunto si lo que uno antes estimaba como algo terrible podría convertirse en lo mejor que nos haya pasado en toda la vida. Cuando la vida toma un rumbo inesperado, de repente estás en un camino que no está marcado en el mapa. Es el camino más aterrador, espinoso y peligroso que jamás hayas visto. Y luego un día, a la vuelta de la esquina, llegas al lugar más hermoso que jamás hayas visto. ¿Qué si ser madre soltera sea así? Un día el dolor ha sido cubierto por amor, y lo que una vez fue terrible se convierte en la mejor vida que jamás hayas conocido.

¿Recuerdas las palabras que dijo José en el Antiguo Testamento? Él le dijo a sus hermanos: «Es verdad que ustedes pensaron hacerme mal, pero Dios transformó ese mal en bien». (Génesis 50.20)

Y luego están las palabras que le dijo el apóstol Pablo a la iglesia en Roma: «Ahora bien, sabemos que Dios dispone todas las cosas para el bien de quienes lo aman, los que han sido llamados de acuerdo con su propósito». (Romanos 8.28)

Esa es la clase de cosa que a Dios le gusta hacer. Él transforma las cosas terribles y las dispone para bien. Le fascina tomar circunstancias como las nuestras y sacar algo bueno que resulta ser increíble y lo glorifica a Él.

Quizás te levantaste esta mañana a la misma vida de siempre, a los mismos hijos que tenías ayer, a tus mismos problemas con las mismas cuentas que tienes que pagar y con el mismo sentimiento de que pareciera que no hubiese salida alguna. Tal vez hoy es peor que lo usual y la maldad se sentó a desayunar contigo, con otro ataque que te hace sentir sola y desesperada. Quizá te estés preguntando qué es lo que Dios puede hacer con una mamá soltera ordinaria con unos hijos ordinarios, comunes y corrientes. Estoy creyendo por ti y por mí, que la Biblia es verdadera.

    Creo que Dios te va a restaurar lo que te han quitado.

    Creo que Él va a disponer el bien de todas las cosas difíciles a las que te has enfrentado.

    Creo que Él vendrá a rescatarte y protegerte a ti y a tus hijos de todo peligro.

    Creo que Él tiene un futuro y una esperanza para ti que es mejor de lo que jamás te podrías imaginar.

    Creo que el amor de Dios los puede sanar a ti y a tus hijos, mejor que nunca.

    Creo que Él puede cubrir cada lugar en el que te sientas inadecuada y puede hacerte sentir capaz.

    Creo que todo lo que Dios requiere de ti, es que hagas lo mejor que puedas.

Creo que los hijos pródigos pueden regresar a casa y que los corazones quebrantados se pueden remendar.

Creo que Su perdón realmente perdona.

Creo que la gracia que Dios les otorga a las madres, es tierna y abundante.

Creo que es tiempo de soñar otra vez, reírnos más y ser más divertidas.

Creo que nuestros hijos van a ser maravillosos porque son suyos y Él los ama más de lo que nosotras sabemos amar.

Creo que habrá más desilusiones, pero somos más fuertes y más sabias y estamos más preparadas para comportarnos como personas adultas.

Creo que una mujer ordinaria se vuelve extraordinaria en los brazos de Dios.

Creo que tu alma puede descansar. Vivimos dentro del Reino de Dios, y Él sabe completamente qué hacer.

Y aquí está lo que Él te quiere decir:

Con amor eterno te he amado. (Jeremías 31.3)

*Pero el amor del Señor es eterno
y siempre está con los que le temen;
Su justicia está con los hijos de sus hijos.*
(Salmo 103.17)

Sí, sin duda alguna. El amor tiene la última palabra.

acerca de la autora

Angela Thomas es madre de cuatro hijos, es una oradora dinámica y autora de diez libros y estudios bíblicos, incluyendo el libro de gran éxito de ventas: *Do You Think I'm Beautiful?* Hablando acerca de su propio sufrimiento y del gran amor de Dios, Angela nos motiva a vivir con fidelidad y pasión. Ella enseña en numerosos eventos cada año, donde mujeres de todo el mundo son atraídas a su calidez, ingenio y vulnerabilidad. Angela y sus hijos viven en una calle realmente genial en Knoxville, Tennessee, cerca de su familia y rodeada de unas de las mejores personas del planeta.

reconocimientos

Por un par de años, he bromeado con mi familia y con mis amigos diciéndoles que me voy a hacer una camiseta. Decidí que va a tener las palabras: «Cuando termine de escribir el libro». Y luego cuando alguien necesitara algo, o quisiera saber cuándo íbamos a tener una comida casera, o aprender a esquiar en patinetas para la nieve, o ir a Disney World, todo lo que yo tendría que hacer es señalarles la camiseta en vez de cansarnos al oír la misma historia de siempre.

Durante las Navidades del año pasado, Taylor, mi hija mayor, estaba sentada al borde de su silla viéndome abrir el regalo que ella escogió para mí. Resultó ser que mi hija creativa hizo la camiseta. Blanca de mangas largas con letras hermosas que decían: «Cuando termine de escribir el libro». He usado ese tierno regalo con mucho orgullo y estoy muy contenta de anunciarle a toda mi familia... Quien lo sabría, ¡terminé de escribir el libro!

Gracias Grayson, Taylor, William y AnnaGrace. Real y verdaderamente, ustedes son los hijos más increíbles de todo el planeta. Tuvimos un verano tan divertido viajando después de que terminé de escribir el libro. Quiero que sepan que preferiría estar con ustedes más que con ninguna otra persona. Gracias por ser pacientes en cuanto a mis viajes, mis fechas de entrega, las renovaciones que le hice a la casa y en fin toda la locura que viene con ser parte de nuestra familia. Los amo más que a nadie en este mundo y lo daría todo multiplicado por un millón, sólo para que fueran mis hijos.

Gracias a Lisa Stridde, su esposo Dave y sus hijos Jordan, Morgan y Tyler, que tuvieron mucha paciencia conmigo y con su mamá. No hay manera de que mi familia pudiese sobrevivir sin ustedes.

Gracias a la otra familia que piensa que somos parte de su familia: Greg y Kim Shelton, Parker y Bailey. Ninguno de nosotros puede comerse una dona caliente de Krispy Kreme sin pensar en ustedes y lo divertido que la hemos pasado juntos.

Gracias a mi mamá y a mi papá, a mis hermanos y a sus familias, mi familia en Texas y mi hermano en Tulsa. El amor de ustedes me sostiene y saben que sin su ayuda yo no podría vivir.

Gracias a mis amigos queridos: Dennis y Karen Larkin, Laura Johnson, Roy y Nicole Newman, Lou Taylor, Lee y Carla Martin, Brad y Beth Brinson, Cindy Millikan, Paul Kelly y mi amigo Scott, por todas las palabras de aliento que me dieron y por cada lágrima que sostuvieron en sus manos.

Gracias a mis amigas que también hacen lo que hago cada fin de semana: Lisa Whelchel, Priscilla Shirer y Kim Hill. Sus oraciones, mensajes y llamadas hacen que la jornada que compartimos sea hermosa.

Gracias Martha Judiscak por estar interesada en este libro y contribuir con tus investigaciones y tus oraciones.

Lo que siempre me sigue asombrando es que Dios continúa enviándome las personas más amorosas para cuidarme a mí y a mis hijos. Gracias a la iglesia Two Rivers Church, a Mike Turner, Dave Benner, Sid Kemp, Clayton y Elaine Bryant, Beverly Wallace, Jeff y Tammy Smith, y un agradecimiento enorme a todas las personas que oran fielmente por mi familia y mi trabajo.

Gracias Aldyth y Cathy. Las quiero mucho y estoy muy ansiosa de poder pasarla juntas otra vez.

Gracias a mis amigos de Thomas Nelson, Mike Hyatt, Tami Heim, Jonathan Merkh y Brian Hampton. No puedo pensar en nada mejor que trabajar con gente que uno admire y que realmente le guste. Estoy muy agradecida de poder ser una de las hijas en su familia.

Gracias a LifeWay, Visión Mundial, las emisoras de radio alrededor del mundo que me han permitido hablar entre sus programas musicales, y gracias muy especialmente a David Huffman, Jessica Wolstenholm, Jim Houser, Dan Raines, Jeanie Kaserman y Jenny Stika de Creative Trust. ¡Ay, miren lo que Dios hizo!

Cada día me siento abrumada por la bondad de Dios. El final de este libro no es nada diferente. Que el Señor Dios Todopoderoso me haya escogido para dar un mensaje de Su amor y fidelidad, es una lección de humildad para mí y también fue formidable. Me encanta lo que hago y por eso es que me sonrío de oreja a oreja todo el tiempo. Pero estoy íntimamente consciente de donde vienen estos dones. Toda buena dádiva y todo don perfecto vienen directamente de las manos de mi Padre. Mi oración es que mi vida y estas palabras le traigan gloria al Dador de vida y que el propósito de mi corazón bendiga Su nombre por siempre.

www.ingramcontent.com/pod-product-compliance
Lightning Source LLC
Chambersburg PA
CBHW011341090426
42743CB00018B/3403